MARCO POLO

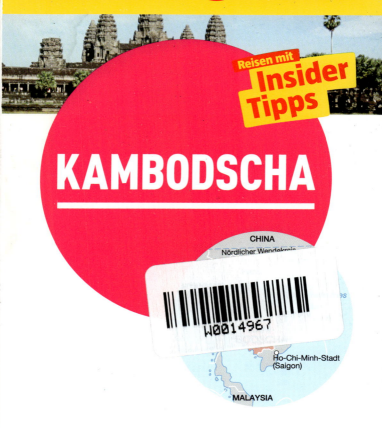

Reisen mit **Insider Tipps**

KAMBODSCHA

MARCO POLO Autorin
Martina Miethig

Martina Miethig bereist Kambodscha seit 1994. Als ausgebildete Journalistin, Buchautorin und Asien-Spezialistin berichtete sie aus dem damals zerrütteten Land. Heute dreht sich im Land (fast) alles um Cocktails und Kochkurse – und um den rasanten Wandel. Besonders reizt Martina Miethig die Herzlichkeit der Kambodschaner und die verzauberte Stimmung im Monsun *(www.GeckoStories.com)*.

www.marcopolo.de/kambodscha

← **UMSCHLAG VORN: DIE WICHTIGSTEN HIGHLIGHTS**

Die besten Insider-Tipps → S. 4

Best of ... → S. 6

Phnom Penh & Küste → S. 32

Angkor & Siem Reap → S. 56

4	**DIE BESTEN INSIDER-TIPPS**
6	**BEST OF ...**
	● TOLLE ORTE ZUM NULLTARIF S. 6
	● TYPISCH KAMBODSCHA S. 7
	● SCHÖN, AUCH WENN ES REGNET S. 8
	● ENTSPANNT ZURÜCKLEHNEN S. 9
10	**AUFTAKT**
16	**IM TREND**
18	**STICHWORTE**
24	**ESSEN & TRINKEN**
28	**EINKAUFEN**
30	**DIE PERFEKTE ROUTE**
32	**PHNOM PENH & DIE KÜSTE**
	KAMPOT, KEP, PHNOM PENH, SIHANOUKVILLE
56	**ANGKOR & SIEM REAP**
	ANGKOR, BATTAMBANG, SIEM REAP
84	**ENTLANG DES MEKONG**
	BAN LUNG (RATANAKIRI), KRATIE, SEN MONOROM (MONDULKIRI), STUNG TRENG

SYMBOLE

INSIDER TIPP	Insider-Tipp
★	Highlight
● ● ● ●	Best of ...
⚘	Schöne Aussicht
☺	Grün & fair: für ökologische oder faire Aspekte
(*)	kostenpflichtige Telefonnummer

PREISKATEGORIEN HOTELS

€€€ über 100 Euro
€€ 25–100 Euro
€ unter 25 Euro

Die angegebenen Preise sind Mindestpreise im jeweiligen Haus für ein Doppelzimmer pro Nacht

PREISKATEGORIEN RESTAURANTS

€€€ über 10 Euro
€€ 4–10 Euro
€ unter 4 Euro

Die Preise gelten für eine Mahlzeit pro Person, ohne Getränke

Titelthemen: Im göttlichen Angkor Wat S. 61 | Homestay auf der Insel Koh Trong S. 91

INHALT

AUSFLÜGE & TOUREN 98

SPORT & AKTIVITÄTEN 104

MIT KINDERN UNTERWEGS 108

EVENTS, FESTE & MEHR 110

ICH WAR SCHON DA! 112

LINKS, BLOGS, APPS & MORE 114

PRAKTISCHE HINWEISE 116

SPRACHFÜHRER 122

REISEATLAS 126

REGISTER & IMPRESSUM 138

BLOSS NICHT! 140

Entlang des Mekong → S. 84

Ausflüge & Touren → S. 98

Sport & Aktivitäten → S. 104

Reiseatlas → S. 126

GUT ZU WISSEN
Geschichtstabelle → S. 12
Spezialitäten → S. 26
Bücher & Filme → S. 52
Von Apsaras, Lingas und Nagas → S. 65
Währungsrechner → S. 117
Was kostet wie viel? → S. 118
Wetter in Phnom Penh → S. 120

KARTEN IM BAND
(128 A1) Seitenzahlen und Koordinaten verweisen auf den Reiseatlas
(U A1) Koordinaten für die Karte von Phnom Penh im hinteren Umschlag
Es sind auch die Objekte mit Koordinaten versehen, die nicht im Reiseatlas stehen Detailkarten Angkor Wat und Angkor Thom → S. 134
Karte Siem Reap → S. 135

**UMSCHLAG HINTEN:
FALTKARTE ZUM
HERAUSNEHMEN →**

FALTKARTE
(*A–B 2–3*) verweist auf die herausnehmbare Faltkarte
(*a–b 2–3*) verweist auf die Zusatzkarte auf der Faltkarte

2 | 3

Die besten MARCO POLO Insider-Tipps

Von allen Insider-Tipps finden Sie hier die 15 besten

INSIDER TIPP „Rubbel"-Souvenirs aus Angkor
Billig, originell und schön – die Temple-Rubbings-Drucke sind eine prima Deko für zu Hause und lassen sich auch noch gut im Koffer verstauen → S. 29

INSIDER TIPP „Apocalypse now"
Einmal wie Marlon Brando am Dschungelfluss bei Löwengebrüll einschlafen – das können Sie im Gästehaus Utopia bei Kampot → S. 36

INSIDER TIPP Zeitreise nach Shanghai
Genießen Sie den Abend im fabelhaften Chinese House – angesagte Bar, Club und Galerie in Phnom Penh → S. 46

INSIDER TIPP Seele baumeln lassen
Rein in die Hängematte und bei Meerblick die Seele baumeln lassen – das einzige Resort auf der Insel Kho Tmei bei Sihanoukville gehört zwei Deutschen und vielen Haustieren → S. 55

INSIDER TIPP Robinson spielen
Abhängen und die Einsamkeit genießen: Wie wäre es mit einem Aufenthalt auf den (fast) menschenleeren Inseln Koh Ta Kiev und Rong Samloem? → S. 51

INSIDER TIPP Zauberhafter Zirkusrummel
Kinder und Jugendliche, darunter viele Waisen und Straßenkinder, werden zu Clowns, Magiern und Artisten ausgebildet, gestalten eine eigene Show – und gehen zudem brav in die Schule → S. 70

INSIDER TIPP Reisen wie die Khmer
Man packe einen Dieselmotor auf ein Bambusgestell – und fertig ist der Bamboo Train, der originellste Zug der Welt (Foto o.) → S. 70

INSIDER TIPP Cocktails, goldene Drachen & Co.
Relaxen bei Cocktails, Wein und einem Flair wie im alten Shanghai – bei Miss Wong in Siem Reap → S. 79

> **INSIDER TIPP** **Paradies-Insel mitten im Fluss**
>
> Nicht im Meer, sondern mitten im Mekong liegt die kleine Insel Koh Trong – ein idyllisches tropisches Eiland mit Stelzenhäusern, Palmen, Ponykarren, homestays und Gästehaus. Wie eine Zeitreise: ein Einblick in den immer mehr verschwindenden traditionellen Lebensstil der Khmer → **S. 90**

> **INSIDER TIPP** **Shiraz aus dem Khmer-Reich**
>
> Wenn Sie schon immer einmal einen tropischen Tropfen aus Kambodscha probieren wollten, werden Sie beim einzigen Weingut im Khmer-Reich bei Battambang fündig → **S. 72**

> **INSIDER TIPP** **Ganz wie im Dschungelbuch!**
>
> In der wilden Natur zwischen intakten Mangrovenwäldern und Wasserfällen bei Koh Kong und in den Cardamom-Bergen fehlen nur noch Mogli und Balu → **S. 54**

> **INSIDER TIPP** **Elefanten-Trekking durch das Dschungeldickicht**
>
> Auf dem Rücken der Dickhäuter geht es durch den abgelegenen Urwald in Mondulkiri (Foto u.) → **S. 94**

> **INSIDER TIPP** **Mit Buddha zum Sunset**
>
> Atemberaubender Sonnenuntergang beim Tempel bei Stung Treng am Mekong und Sekong, während Buddhas Jünger ihre Pali-Verse singen → **S. 96**

> **INSIDER TIPP** **1000 Jahre Haltbarkeit**
>
> Mitten in der kambodschanischen Pampa winden sich mythologische Naga-Schlangen an der antiken Bogenbrücke Speam Prap Tos über den Chikreng-Fluss → **S. 102**

> **INSIDER TIPP** **Hoch hinaus!**
>
> Auspowern beim Rockclimbing in den sagenhaften Karstfelsen bei Kampot, Kampong Trach und Kampong Cham – die ersten Routen für enthusiastische Kletterer sind schon abgesteckt → **S. 107**

BEST OF ...

TOLLE ORTE ZUM NULLTARIF
Neues entdecken und den Geldbeutel schonen

SPAREN

- **Wasserfest auf dem Mekong**
Beim Wasserfest *Bon Om Touk* dreht sich am Ende der Regenzeit alles um die Wassermassen des Flussriesen: Feuern Sie die Teilnehmer der bunten (und kostenlosen) Regatta in Phnom Penh an (Foto) → **S. 111**

- **Auf den Spuren des alten Königs**
Spüren Sie ganz umsonst den alten Zeiten des Glamours und französischen Jetsets nach, und besuchen Sie die Lobby des beeindruckenden, restaurierten *Independence Hotel* in Sihanoukville → **S. 54**

- **Wenn Fledermäuse den Himmel verdunkeln**
Wenn Abertausende von Fledermäusen zum Sonnenuntergang die *Höhlen am Phnom Sampeau* verlassen, verdunkelt sich über Ihnen der Himmel – ein Naturspektakel, das nichts kostet → **S. 72**

- **Von Raupen und edler Seide**
Artisans D'Angkor in Siem Reap lassen Sie hinter die Kulissen schauen: In einer kostenlosen Besichtigung werden den Besuchern der Ausbildungswerkstatt die Produktionsschritte von Maulbeerbaum-Plantage über Seidenraupenzucht bis zur Seidenweberei gezeigt → **S. 77**

- **Süßwasser-Delphine gratis gucken**
In Kratie können Sie seltenen *Flussdelphine* vom Ufer aus beobachten: mit etwas Glück und einem guten Fernglas – die kostenpflichtigen Ausflugsboote brauchen Sie dafür nicht → **S. 90**

- **Tempelatmosphäre schnuppern**
Die beiden Klöster *Wat Sambok* und *Wat Sambour* bei Kratie können Sie gratis besichtigen, aber achten Sie auf angemessene Kleidung → **S. 92**

- **Gratis-Frühsport vor dem Königspalast**
Sparen Sie sich das Fitnessstudio: Noch vor Sonnenaufgang können Sie sich unter die Frühsporttreibenden vor dem Königspalast in Phnom Penh mischen und bei *Aerobic, Federball und Tai Chi* umsonst mitmachen → **S. 40**

●●●● Diese Punkte zeichnen in den folgenden Kapiteln die Best-of-Hinweise aus

TYPISCH KAMBODSCHA
Das erleben Sie nur hier

● *Ein kariertes Tuch als Multitalent*
Der vielseitige Krama-Schal mit Karo-Musterung wird Ihnen überall im Land begegnen. Kaufen können Sie ihn z. B. auf dem trubeligen Markt *Phsar Thmay* in Phnom Penh → S. 45

● *Charakteristische Silhouette*
Ob auf dem Geldschein, auf der Landesflagge oder der Bierflasche – charakteristischer als das größte Bauwerk in der Ruinenstadt Angkor kann kein Symbol des Landes oder Wahrzeichen sein: Das weltberühmte, majestätische Kloster *Angkor Wat* ist ein absolutes Muss! → S. 61

● *Leider typisch für die Roten Khmer*
Auf berüchtigten *Killing Fields* bei Phnom Penh, dem Mahnmal für die Schreckensherrschaft der Roten Khmer, gedenken Sie der etwa 1,5 Mio. ermordeten Kambodschanern → S. 49

● *Lecker: Taranteln als Snack*
Wenn Sie sich schon immer mal eine faustgroße Tarantel, schön kross gebraten, auf der Zunge zergehen lassen wollten, können Sie diese *Imbiss-Spezialität im Städtchen Skun* ausprobieren (Foto) → S. 101

● *Schnellkurs in kambodschanischem Lifestyle*
Entdecken Sie den „kitsch as kitsch can", den die Kambodschaner so lieben, im *Cambodian Cultural Village* in Siem Reap: vom begehbaren traditionellen Hausmodell bis hin zur Hochzeitszeremonie mit allem Brimborium inklusive Mönchsgaben und Haarschneideritual → S. 74

● *Bootstour in die Ramsar Wetlands*
Auf dem *Mekong* nördlich von Stung Treng können Sie nach der Regenzeit *per Longtailboat* knatternd durch ein endloses Labyrinth aus Flussarmen, Inseln und Flutwäldern fahren – eine einsam-weite, amphibische Wasserwelt → S. 97

● *Geisterspuk und Geistersegen*
Geister gibt es unzählige in Kambodscha, aber an einer guten Geisterseele kommen auch Touristen nicht ohne kleine Spende vorbei – auf der Fahrt an die Küste auf der N 4 gewährt der weibliche Schutzgeist *Ya Mao* Beistand für die weitere Reise → S. 99

6 | 7

BEST OF ...

SCHÖN, AUCH WENN ES REGNET
Aktivitäten, die Laune machen

REGEN

● *Zu Gast beim Smaragd-Buddha*
Touristenmagnet in Phnom Penh und eine der heiligsten Stätten im Lande: In der *Silberpagode* auf dem Gelände des Königspalastes blitzen Gold, Diamanten und polierter Marmor (Foto) → S. 41

● *Zur Abwechslung ins Kino*
Im Kinosessel versinken, wenn draußen der Monsunregen trommelt: Das *Kino Top Cat* in Sihanoukville macht's möglich – anspruchsvolle Filme in Dolby Surround, Popcorn und Eiscreme → S. 53

● *Götter und Könige in Stein und Bronze*
Im *Nationalmuseum* in Phnom Penh können Sie die wertvollsten Exponate aus Angkor im Original bestaunen – in der legendären Ruinenstadt stehen meist nur Kopien → S. 41

● *Open-Air-Schmaus im Monsunregen*
Der Regenschleier legt sich über den Tonle-Sap-Fluss, und die Kinder toben jauchzend durch die überfluteten Straßen? Selbst dann sitzen Sie trocken und speisen hervorragend im *Bopha Restaurant* in Phnom Penh – mit Blick auf das ununterbrochene Flusstreiben → S. 43

● *Ein Paradies für Souvenirjäger*
Auf dem *Alten Markt (Phsar Chas)* in Siem Reap vergeht die Zeit wie im Flug. Wenn Sie hier trotz Hunderter Verkaufsstände nicht das Richtige gefunden haben, stöbern Sie doch anschließend einfach im Night Market weiter → S. 76

● *Teatime im Grand Hotel*
Ein verregneter Nachmittag in Siem Reap lässt sich im *Raffles Grand Hotel d´Angkor im Café The Conservatory* beim „high tea" oder auch bei Kaffee und Kuchen bestens vertrödeln – kuscheln Sie sich einfach in die Sofas, und lauschen Sie dem Pianisten → S. 81

ENTSPANNT ZURÜCKLEHNEN
Durchatmen, genießen und verwöhnen lassen

● *Nirwana auf Erden – im Spa*
Wohlriechende Düfte, leise Musik, warmes Öl, sanfte Hände – das professionelle Team vom *Frangipani Spa* in Siem Reap weiß, wie reisegestresste Seelen, verspannte Muskeln und wundgelaufende Füße verwöhnt und wieder belebt werden → S. 78

● *Wohltuende Bootsfahrt*
Balsam für die Seele: Friedliche Alltagsbilder sammeln Sie bei einer Fahrt im Ausflugsboot durch die der Stelzenhaus- und Hausbootlandschaft auf dem weiten *Tonle-Sap-See* bei Siem Reap (Foto) → S. 83

● *Bequem von Wasserfall zu Wasserfall*
Wie wäre es mit einem *Ausflug auf dem Reit-Elefanten* bei Ban Lung in Ratanakiri? Im Sitzkorb schaukeln Sie gemütlich von Wasserfall zu Wasserfall, die Riesenohren der Dickhäuter sorgen für angenehme Ventilation → S. 89

● *1000-Sterne-Dinner*
Nach dem Candle-Light-Dinner im *Boutiquehotel Knai Bang Chatt* am Meer in Kep heißt es: Beine hochlegen, in den Sofakissen versinken und leckere Cocktails genießen – Meeresrauschen und Sternenhimmel inklusive → S. 39

● *Inselhüpfen, Schnorcheln, Sonnenbaden*
Mit Booten geht es ab Sihanoukville in die *Inselwelt vor der Küste*: Lassen Sie sich vom Koch an Bord verwöhnen, schließen Sie auf dem Sonnendeck die Augen, genießen Sie die Fahrt zu einsamen Eilanden, auf denen Sie den Strand (fast) für sich allein haben → S. 51

● *Zeitreise auf drei Rädern*
Im *Cyclo* ruckeln Sie in Phnom Penh gemächlich von Sehenswürdigkeiten zu Sehenswürdigkeit → S. 45

● *Tierische Pediküre*
Lassen Sie sich anknabbern. Bei *Dr. Fish* kümmern sich Garra-Rufa-Fischlein um Ihre Füße – perfekt nach einer Tempeltour → S. 78

8 | 9

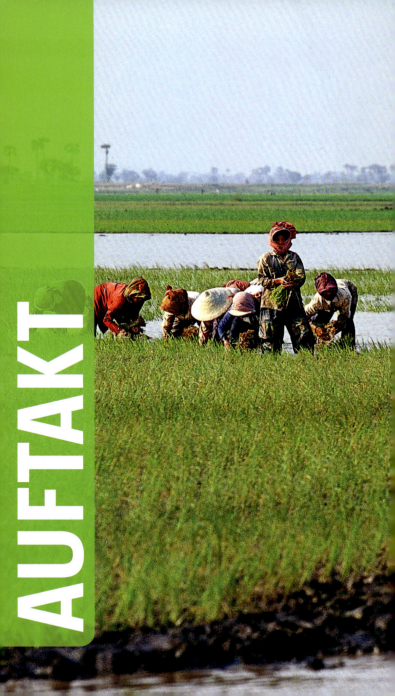

AUFTAKT

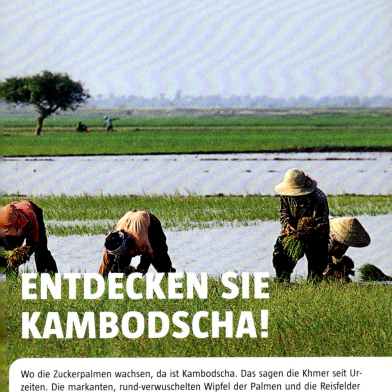

ENTDECKEN SIE KAMBODSCHA!

Wo die Zuckerpalmen wachsen, da ist Kambodscha. Das sagen die Khmer seit Urzeiten. Die markanten, rund-verwuschelten Wipfel der Palmen und die Reisfelder bedecken das flache Land bis zum Horizont. Wasserbüffel suhlen sich im Schlamm, wiederkäuend und glotzend wie vor tausend Jahren. Das ist bis heute Kambodscha, dem neuerdings modernen und durch die vielen Expats immer westlicheren Antlitz von Phnom Penh zum Trotz. Angesichts des geschäftigen Treibens in der kambodschanischen Hauptstadt bedarf es einer Rückblende in die Zeit vor dem Boom mit Karaokebars, Massagesalons und Diskotheken.

Unvergessen in Indochina ist das Schicksalsjahr 1975. Erst marschierten die Roten Khmer in Phnom Penh ein, um ihr mörderisches „Year Zero" in Kambodscha einzuläuten. Zwei Wochen später fiel im benachbarten Vietnam die Hauptstadt Saigon und wurde in Ho-Chi-Minh-Stadt umbenannt. Und schließlich siegte auch im verschlafenen Nachbarland Laos die Revolution, während die Roten Khmer unter Pol Pot eine Blutspur im eigenen Land hinterließen: 1 bis 2 Mio. Landsleute starben

Bild: Bauern bei der Reisernte

Hochbetrieb rechts und links der Wellenkante: Serendipity Beach bei Sihanoukville

durch Totschlag, Zwangsarbeit und Hunger. Phnom Penh wurde 1975–79 zur düsteren, zwangsevakuierten Geisterstadt – bis die Vietnamesen die Massenmörder 1979 besiegten und Phnom Penh für die nächsten zehn Jahre zu ihrer Kommandozentrale in einem belagerten Vasallenstaat machten. Anfang der 1990er-Jahre verwandelten UN-Soldaten dann die Stadt in einen Rummelplatz à la Wildwest, wo es Dollarscheine zu regnen schien. Im Königreich Sihanouks herrschten Anarchie und Chaos, Korruption und Kidnapping.

Als die rund 22 000 Blauhelme Ende 1993 nach den ersten demokratischen Wahlen wieder abgezogen waren, hieß die Losung für die Zukunft: nationale Versöhnung. Das 2009 begonnene internationale Tribunal gegen die letzten lebenden Führungsmitglieder der Roten Khmer stößt daher bei den meisten Kambodschanern auf wenig Verständnis. Die Politikerclique um Ministerpräsident Hun Sen (selbst einst von den Roten Khmer zu den Vietnamesen übergelaufen) sorgt zwar für eine derzeit relativ stabile Phase des lang herbeigesehnten Friedens, der jedoch geprägt ist von einer unverhohlenen Korruption auf allen Ebenen, die selbst in Asien ihresgleichen sucht.

802 Jayavarman II. gründet die Khmer-Dynastie Angkor

1112–1152 Suryavarman II. lässt Angkor Wat bauen

1863 Das Königreich Kambodscha wird Protektorat Frankreichs bis zur Unabhängigkeit 1953

17. April 1975 Die Roten Khmer marschieren in Phnom Penh ein – ca. 1,5 Mio. Menschen sterben während der fast vierjährigen Herrschaft unter Pol Pot

7. Jan. 1979–1988/89 Vietnamesische Truppen besiegen die Roten Khmer

AUFTAKT

Wenn man die Hauptstadt verlässt, beginnt eine Zeitreise durch das ursprüngliche Kambodscha, das mit 181 000 km² etwa halb so groß ist wie Deutschland. Die Reise führt auf holprigen Pisten in abgelegene, von der Welt einst völlig vergessene Provinzen, wo lange nur Malaria und Rote Khmer herrschten. Hinter dichten Wäldern im Niemandsland liegt Ratanakiri mit seinen Hochlandvölkern, den *Khmer Loeu,* und ihren uralten Stammesritualen. Oder das menschenleere, hügelige Mondulkiri, das noch weithin mit Edelholzwäldern und tropischem Regenwald bewachsen ist. In Sihanoukville, dem einzigen quasi wiederbelebten Badeort an der 440 km langen Küste, trifft sich mittlerweile eine bunte Schar aus aller Welt mit den Khmer – beim gemeinsamen Wellenreiten auf dem Banana-Boat, Beachvolleyball oder Inselhüpfen – sozusagen das „Mallorca" der Backpacker in Asien.

Je nach Jahreszeit schimmern die Reisfelder in leuchtendem Grün, in Schlammbraun oder Goldgelb. Überall idyllisches Landleben auf den ersten Blick: Frauen und Männer beim Reisdreschen auf den Feldern, das karierte *krama*-Tuch zum Turban um den Kopf geschlungen, die Zähne und Lippen blutrot vom Saft der

> **Auf den ersten Blick idyllisches Landleben überall**

Betelnuss. Die meisten der rund 14 Mio. Kambodschaner sind Bauern, die von der Hand in den Mund leben – ein extrem karges Dasein zwischen Ochsenkarren und palmstrohgedeckten Pfahlhütten, Schuldenlast und Reisfeldern, auf denen noch immer unzählige Minen lauern. Das Königreich Kambodscha gehört mit einem jährlichen Pro-Kopf-Einkommen von etwa 810 US-Dollar (in 2010) zu den ärmsten Län-

März 1992
Beginn der UN-Mission in Kambodscha mit 22 000 Soldaten (UNTAC)

1993
Verabschiedung der Verfassung nach der friedlichen Wahl. Konstitutionelle Monarchie unter König Sihanouk. Abzug der UN-Truppen. Die Kämpfe gegen die Roten Khmer im Norden des Landes halten an

ab 15. April 1998
Nach dem Tod Pol Pots Amnestie und Aufnahme der meisten Roten Khmer in die Regierungsarmee

2004
König Sihanouk tritt zurück, Nachfolger wird sein Sohn Norodom Sihamoni

dern der Welt. Neben der Landwirtschaft (Reis, Baumwolle, Kaffee, Mais, Tabak) sind die wichtigsten Wirtschaftszweige Kautschukplantagen, Fischwirtschaft, Textil- und Holzindustrie, Edelsteine und Gold, Erdöl und Kohle.

Buddhistische Klöster sind das Zentrum der Dorfgemeinschaft

Nahe den Dörfern spiegeln sich die Pagoden in Lotusteichen. 90 Prozent der Kambodschaner glauben an Buddha, aber weit verbreitet sind auch Animismus und Ahnenkult. Die buddhistischen Tempel und Klöster sind wieder das soziale und kulturelle Zentrum der Dorfgemeinschaft – wie vor der Pol-Pot-Ära, in der auch die Mönche ihre Roben ausziehen und sich in die Zwangsarbeiter-Kolonnen einreihen mussten (sofern sie nicht in den Tempeln sofort erschlagen worden waren).

Kambodscha ist der Legende nach ein Land aus Wasser. Und tatsächlich: Der Mekong verwandelt sich stromaufwärts in ein Labyrinth aus Flussarmen, Inseln und Flutwäldern, über das jeden Abend die Sonne ihren rotgoldenen Schleier wirft. Wer sich nach der Regenzeit mit einem Fischer in dessen Longtailboot auf den Flussriesen wagt, dem kann ein bisschen unheimlich werden, wenn das Ufer nicht mehr zu sehen ist zwischen all den gebeugten Bäumen, um deren Kronen jetzt Fische schwimmen. Die Marktstädtchen am Mekong beeindrucken mit ihrem zauberhaft provinziellen

Provinzieller Charme und seltene Delphine am Mekong

Charme und den seltenen Süßwasserdelphinen. Der Mekong-Zufluss Tonle Sap ist der einzige Fluss weltweit, der rückwärts fließt, so sagen die Kambodschaner. Nur so wächst der Tonle-Sap-See in der Landesmitte während der Monsunzeit zu einem der fischreichsten Binnenseen der Welt. In der überfluteten Landschaft leben die Kambodschaner in „schwimmenden" Dörfern auf ihren Hausbooten und Pfahlhäuschen zwischen Himmel und Wasser.

Die antike Tempelstadt Angkor ist der Höhepunkt jeder Reise durch Kambodscha. Voller Ehrfurcht steht man vor den tausendjährigen Türmen, Toren und Pavillons, vor den Löwen und Schlangen, den tanzenden Apsaras und Lanzen schwingenden

2008 Grenzkonflikt mit Thailand um den zum Unesco-Weltkulturerbe ernannten Tempel Preah Vihear

2009 Das Tribunal gegen einen ersten Exführer der Roten Khmer beginnt

2010 Im Juni wird das erste Urteil gegen einen ehemaligen Roten Khmer gefällt, den Chef vom Foltergefängnis Tuol Sleng: 30 Jahre Haft. Angeklagter und Staatsanwaltschaft gehen in Berufung

Beim Wasserfest sterben in Phnom Penh 380 Menschen bei einer Massenpanik auf der Chruoy-Changvar-Brücke

AUFTAKT

Reich bestückter Markt in Battambang – die Gegend gehört zu den fruchtbarsten des Landes

Kriegern in den Galeriegängen. Sie alle sind Zeugen einer längst vergangenen Hochkultur der vergöttlichten Khmer-Könige, der *devarajas*. Im Norden des Landes liegt das steinerne Herz eines im Dschungel versunkenen Imperiums. Während des bestialischen Wütens der Roten Khmer fielen die Tempel wieder in den Dornröschenschlaf, und Besucher konnten die abseits liegenden Märchenruinen

> **Zeugen einer längst vergangenen Hochkultur**

lange Zeit nur sicher im UN-Konvoi aufsuchen – wenn überhaupt. Heute fährt man im Reisebus- und Tuktuk-Konvoi und steht nicht selten inmitten der Tempel in der Warteschlange.

Das einst geschundene Land lässt viele der rund 2,85 Mio. Besucher nicht mehr los. Ein Land mit so vielen Gesichtern – zwischen grausamer Fratze, Apsara-Lächeln und Buddhas weisem Antlitz der Hoffnung.

2011 Ein weiteres Tribunal gegen drei Rote-Khmer-Führer, etwa Nuon Chea, Bruder Nr. 2 nach Pol Pot, beginnt im Juni 2011

Im immer wieder aufflammenden Grenzstreit zwischen Thailand und Kambodscha um den Preah-Vihear-Tempel fordert das höchste UN-Gericht im Juli einen beiderseitigen Truppenabzug. Im Umkreis der Tempelanlage soll eine entmilitarisierte Zone entstehen

2012 Im Februar fällt das endgültige Urteil gegen den Chef des Foltergefängnisses Toul Sleng, Kaing Guek Eav: lebenslänglich

14 | 15

IM TREND

Fashion Street

Mode Merken Sie sich die 240. In dieser Straße in Phnom Penh ist die Mode zu Hause. Hier hat die New Yorker Modekennerin Elizabeth Kiesler ebenso ihre Boutique *Wanderlust (21 Street 240)* wie Fabrizio Sartor sein *Oro Rosso (75 Street 240)*. Besuchen Sie unbedingt *KeoK'jay,* auch wenn das Label Ende 2011 aus der 240 in die Räume eines früheren Nachtclubs in Siem Reap gezogen ist. *KeoK'jay (The Lane, www.keokjay.org, Foto)* setzt auf umweltfreundliche Materialien und unterstützt soziale Projekte.

Khmer Klänge

Revival Die Vorkriegshits von *Sin Sisamouth* oder *Sereysothea* werden neu interpretiert – vom Musiknachwuchs des Landes. Die Hip-Hopper *Klap Yahandz (www.myspace.com/klapyahandzproduction, Foto)* mixen traditionelle Songs mit heißen Beats, und *Pou Khlaing (www.myspace.com/poukhlaing music)* rappt auf und über Khmer und ist damit international erfolgreich. Wer diese Mischung live erleben will, besucht *Sharky's Bar (126 Street 130, Phnom Penh)*.

Abtauchen

Unterwasser Abgebrochene Korallen und harpunierte Fische gehören endgültig der Vergangenheit an, wenn es nach dem Team von *Scuba Nation (im Mohachai Guesthouse, Serendipity Beach Road, Sihanoukville, Foto)* geht. Unter dem Motto „explore, conserve, observe" bietet die Tauchschule Unterwasserlehrgänge an. Außerdem engagiert sie sich bei Aufräumaktionen am Meeresboden. Auch *Diving and More (Sopheak Meangul Road, Sihanoukville)* setzt sich für nachhaltige Tauchgänge ein. Im Ream-Nationalpark tauchen Sie mit den Guides von *Eco Sea Dive (www.ecosea.com)* mit.

In Kambodscha gibt es viel Neues zu entdecken. Das Spannendste auf dieser Seite

Non-Profit-Restaurants

Schmackhaft Ob westliche Küche oder asiatische Leckerbissen: Im *Sala Baï (135 Taphul Road, Siem Reap)* können Sie es sich so richtig schmecken lassen. Ein NGO hat das Restaurant ins Leben gerufen und bildet dort Jugendliche aus unterprivilegierten Familien aus. Straßenkinder bekommen im Restaurant *Friends* eine zweite Chance. Dort bereiten sie Snacks und typische Currys zu, lernen, wie der perfekte Service funktioniert und wie man ein Lokal führt. Für das NGO *Mith Samlanh* ist das Restaurant nicht der erste Erfolg. So gibt es auch ein *Friends-Geschäft (215 Street 13, Phnom Penh)* direkt nebenan. Auch die *Paul Dubrule-Schule (Airport Road, Siem Reap, Foto)* bietet dem Gastronachwuchs Ausbildungschancen und den Restaurantbesuchern ein ständig wechselndes Menü mit französisch-kambodschanischen Einflüssen.

Eintauchen

Ursprünglich Wer das Land entdecken will, macht das auf möglichst ursprüngliche Weise. *Tara Boat (www.taraboat.com, Foto)* bringt Besucher in traditionellen Kanus in das Überschwemmungsgebiet des Tonle-Sap-Sees. Zu sehen gibt es schwimmende Dörfer und das naturnahe Leben der Menschen. In einem Bambus-Zugwaggon, dem sogenannten *Jungle Express*, reisen Sie mit *Lolei Travel (Siem Reap, loleitravel.com)* von Battambang durch Reisfelder, Dörfer und alte Bahnhöfe. *Pepy Tours (Siem Reap, www.pepytours.com)* entführt Sie ins kambodschanische Hinterland, wo Sie nachhaltige Wohnprojekte kennenlernen, bei Einheimischen übernachten oder etwas über die lokale Landwirtschaft erfahren.

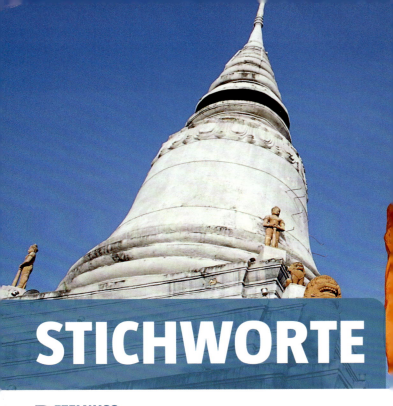

STICHWORTE

Bild: Mönche vor dem Kloster Wat Phnom

BETELNUSS

In ganz Asien sind sie zu sehen: die blutroten Flecken auf den Straßen. Hier hat niemand Blut gespuckt, sondern den roten Saft der Betelnuss *(Areca catechu)*, eine Art „Alltagsdroge" oder Rauschmittel wie bei uns Kaffee oder Tabak. Oft sind die Münder und Zähne der älteren Kambodschaner tiefrot gefärbt. Die Betelnuss (der Haselnuss optisch nicht unähnlich) stammt von der Betelpalme und hat eine populäre stimulierende und zugleich entspannende Wirkung. Sie wird zu Pulver gemahlen und mit etwas gelöschtem Kalk in einem Betel-Blatt zerkaut. Der Geschmack ist leicht pfeffrig, die Reste werden ausgespuckt. Der euphorisierende und angeblich sogar aphrodisierende Konsum kann allerdings die Zähne verfärben, Durchfall erzeugen und süchtig machen.

BUDDHISMUS

Aus der Pagode dringen Gebete in gemurmeltem *Pali*. Frauen in weißer Kleidung und mit geschorenen Köpfen sitzen auf den verschränkten Beinen, die Hände vor der Brust gefaltet. Die Schwaden der Räucherstäbchen tragen ihre Gebete zum Erleuchteten, der vor 2500 Jahren seine Lehre in Nordindien verbreitete. Damit der Zyklus der Wiedergeburten irgendwann auch für sie im erlösenden Nirwana endet, versuchen die Gläubigen im Diesseits Buddhas Lehre zu befolgen: mit (Geld-)Spenden an das Kloster oder beim Sammelgang der Mönche, vor allem aber mit gren-

Die Kambodschaner sind ein leidgeprüftes Volk – aber der Glaube an Buddha und eine prosperierende Zukunft machen sie stark

zenloser Geduld, Mitgefühl und Toleranz gegenüber allen Lebewesen. Auch Ahnenkult und Geisterglaube gehören zum kambodschanischen Buddhismus, so wie der hinduistische Brahmanismus, der seit dem Angkor-Imperium beim *devaraja*-Kult in der gottgleichen Verehrung der Khmer-Könige seinen Ausdruck fand. Viele junge Männer gehen zum Beginn der Monsunzeit als Novizen ins Kloster und praktizieren für einige Zeit die 227 teils asketischen Ordensregeln. Auch der Wiederaufbau des Landes findet mit Hilfe von Buddhas Jüngern statt: 40 000 Mönche versuchen, in den Dörfern in kleinen Schritten die Armut mit Mikrokrediten zu bekämpfen und ihren Landsleuten Kenntnisse zur Gesundheitsvorsorge, zum Umweltschutz und in den traditionellen Künsten zu vermitteln.

CYCLOS

Die Tage der gemütlichen Dreiradgefährte sind gezählt. Träge und wie in Zeitlupe rollen sie durch das Verkehrschaos in Phnom Penh und scheinen wie

Relikte aus längst vergangenen Zeiten. 1939 von den Franzosen eingeführt, werden die Cyclofahrer allmählich verdrängt von Mofas, Tuktuks und Geländewagen. Was haben sie nicht alles transportiert in den Jahren, als die Straßen noch leer waren und das Geld knapp war: mehrköpfige Familien, zappelnde Schweine und ganze Wohnungseinrichtungen. Das INSIDER TIPP *Cyclo Center* (Street 158 | www.cyclo.org.uk) in Phnom Penh ist eine Art Selbsthilfeorganisation mit 1400 Mitgliedern. Hier können die Fahrer ihre meist gemieteten Gefährte putzen, Englisch lernen, und seit 2004 finden sogar Cyclo-Ralleys bis nach Siem Reap bedeckt sein. Allerdings ist der rasante Ausverkauf der Wälder durch illegalen Kahlschlag zugunsten von Plantagen für Cashewnüsse und Gummibäume in vollem Gang. Die ökologisch wichtigen Mangroven an der Küste sind immer mehr bedroht durch Holzkohleproduktion und Shrimpsfarmen. Die Fauna wird in den nächsten Jahren noch einige Überraschungen offenbaren: In Kambodschas letzten Urwäldern haben seltene oder ausgestorben geglaubte Wildtiere und Arten überlebt, beispielsweise die Serau-Bergziegen, Braunhirsche, Schwarzbären und malaiische Sonnenbären, seltene Affenarten, Krokodile und

Die Letzten ihrer Art: Tiger im abgelegenen Grenzgebiet zu Vietnam

statt. Damit dies hier kein Nachruf wird: Fahren auch Sie mit dem Cyclo! Am besten mittags und in den Seitenstraßen, sie sind relativ sicher und bieten Schatten und Schutz vor Regen.

FLORA & FAUNA

Das durch Kriege und Verminung lange isolierte Land besitzt wahre Naturschätze, die abgelegenen Regionen sollen noch bis zu mindestens zwei Dritteln mit Dschungel und Edelholzwäldern Warane sowie das Nationaltier Kambodschas, das legendäre Kouprey-Wildrind. Sogar Tiger, Leoparden, wilde Elefanten und womöglich asiatische Nashörner sollen noch in den dichten Grenzwäldern herumstreifen. Pelikane, Reiher, Kormorane und viele andere bedrohte Vogelarten finden im Tonle-Sap-See und im Mekong so viele Fische wie sonst nirgends auf der Welt (rund 1300 Arten). Und im Mekong tummeln sich noch die letzten Süßwasserdelphine Kambodschas (s. S. 90).

www.marcopolo.de/kambodscha

STICHWORTE

KÖNIG SIHAMONI UND SIHANOUK

Norodom Sihamoni trat 2004 die Nachfolge seines 82-jährigen krebskranken Vaters an. Ausgebildet in Balletttanz und Filmwissenschaft (in der Tschechoslowakei und Nordkorea), vertrat er ab 1993 Kambodscha bei der Unesco in Paris als Botschafter. Bis zu seiner Krönung galt der Junggeselle und Schöngeist im eigenen Land als unbekannt und politisch unbescholten, im Gegensatz zu seinen beiden Brüdern Ranariddh und Sirivudh. Sein Vater König Norodom Sihanouk ist dagegen eine der schillerndsten Persönlichkeiten der Zeitgeschichte. In wechselnden Allianzen spielte er mit auf der politischen Bühne und kannte alle bedeutenden Größen – sei es de Gaulle oder Nehru, Tito oder Ceausescu, Haile Selassie oder Mao Tse Tung. Während des Vietnamkriegs stellte er sich gegen die USA und wurde 1970 bei einem von Washington unterstützten Putsch gestürzt. Sihanouk zog weiter die Fäden aus dem Exil in Peking und Pjöngjang; um wieder an die Macht zu kommen, paktierte er sogar mit den Roten Khmer. Filme, Bücher und sehr persönliche Notizen von Sihanouk: *www.norodomsihanouk.info*.

MINEN

Wenn Reach Uk an ihrem Arbeitsplatz im Wat Than in Phnom Penh angekommen ist, nimmt sie als Erstes ihr linkes Bein ab. „Ist bequemer so", sagt die Kambodschanerin lächelnd. Dann schwingt sie sich hinter ihren Webstuhl. Reach Uk gehört zu den rund 40 000 Amputierten in Kambodscha. Vor allem entlang der 700 km lange Grenze zu Thailand in den nordwestlichen Provinzen Battambang und Pursat legten Vietnamesen (ab 1979) wie Kambodschaner im Bürgerkrieg pro Kilometer 1000 bis 3000 Minen – der dichteste Minengürtel der Welt! Auch die unzähligen, nicht explodierten Blindgänger aus dem Vietnamkrieg (über Kambodscha und Laos warfen die USA mehr als 2 Mio. Tonnen Bomben ab) sind eine permanente Gefahr und töten noch immer mehr Menschen als die Minen, vor allem an der vietnamesischen Grenze im Osten des Landes.

Rund 4000 kambodschanische Minenräumer arbeiten seit 1993 mit Detektoren, Schaufel und Pinsel, u. a. für das *Cambodia Mine Action Center* (CMAC). Teilweise werden heute noch Tempel mithilfe deutscher Fachleute von Minen geräumt, etwa an Phnom Kulen und in Koh Ker. Die Zahl der Unfälle bei der Bevölkerung ist seit Mitte der 1990er-Jahre um 90 Prozent zurückgegangen. Aber noch immer wird jeden Tag ein Kambodschaner zum Krüppel, weil er auf eine Mine oder Bombenreste tritt, und jährlich sterben 250 Menschen.

REIS

„Essen" heißt in Kambodscha wörtlich übersetzt „Reis essen" *(nyam bay)*. Aus dem Grundnahrungsmittel lässt sich vieles zaubern: Brot, Kuchen und Süßspeisen, Wein und Schnaps, Speiseöl, Seifen und Kerzen sowie Dächer aus Reisstroh. Nur mit dem extensiven Reisanbau und ihrer genialen Bewässerungstechnik konnten die Angkor-Könige ihr Imperium erhalten: Mit bis zu drei Ernten im Jahr ernährten sie 1 Mio. Untertanen (heute werden nur noch ein bis zwei Ernten erzielt wegen ineffektiver Bewässerung, veralteter Anbaumethoden bzw. Dürre). Das arbeitsintensive Süßkorngetreide bestimmt den Jahresrhythmus – nicht nur der Reisbauern – mit Legenden, dem Reisgott und Erntefesten. Das Schachbrettmuster der Reisfelder ist alles andere als pittoresk für diejenigen, die die Felder bestellen: Vor der Aussaat müssen die Körner keimen, die Schösslinge werden mit der Hand als einzelne Halme in die nasse Erde gesteckt, wo sie bei stets gleichbleibendem Wasserstand reifen. Nach durchschnittlich drei bis sechs Monaten ist Ernte. Die Ähren leuchten goldgelb, die Bauern schwingen ihre Sichelmesser und dreschen das Korn aus den Garben – in vielen Gegenden ist dies noch reine Handarbeit. Bevor der Reis in die Töpfe kommt, muss er noch geschält werden.

So trennt man die Spreu – vom Reis

ROTE KHMER

Die Roten Khmer waren Anfang der 1970er-Jahre eine kommunistische Guerilla im kambodschanischen Untergrund, die aus der kommunistischen Partei Kambodschas entstanden war. Ihre Schreckensherrschaft begann am 17. April 1975 mit ihrem Einmarsch in Phnom Penh. Innerhalb von zwei Tagen ließen die Soldaten, viele noch Kinder, die Stadt zwangsevakuieren – angeblich standen US-Bombenangriffe bevor. Im „Demokratischen Kampuchea" sollte die perfekte kommunistische Gesellschaft, ein Land aus Reisbauern, geschaffen werden. Selbst das Tragen einer Brille konnte zum Verhängnis werden. Intellektuelle, Mönche, Lehrer und Studenten wurden ermordet, zahllose Autos, Häuser, Schulen, Pagoden und Buddhastatuen zerstört. Die Vietnamesen vertrieben die „Steinzeitkommunisten" bei ihrem Einmarsch in Kambodscha am 7. Januar 1979 in die nördlichen Provinzen. Opferbilanz der kaum vierjährigen Phase des Grauens: rund 1,5 Mio. Tote (fast ein Viertel der Gesamtbevölkerung Kambodschas), gestorben durch Totschlag, Hinrichtung, Hunger, Zwangsarbeit oder Krankheiten. Inzwischen ist das Fußvolk der Roten Khmer amnestiert, nachdem der „Bruder Nr. Eins" Pol Pot 1998 unbehelligt in seinem Dschungelversteck im Norden des Landes gestorben war (es gab zuvor lediglich eine Art „Volkstribunal" in seinem Dorf). Im Tribunal gegen die letzten Überlebenden der Führungsclique stand seit 2009 beim ersten Prozess der Leiter des Foltergefängnisses Tuol Sleng, Kaing Guek Eav, vor Gericht. Im Februar 2012 wurde das endgültige Urteil gefällt: lebenslange Haft wegen Verbrechen gegen die Menschlichkeit und Kriegsverbrechen. Weitere Prozesse laufen seit Juni 2010: gegen den Vize-Staatschef Khieu Samphan, „Bruder Nr. 2" Nuon Chea und Außenminister Ieng Sary sowie seine Frau Khieu Thirith *(Info: Documentation Center of Cambodia, www.dccam.org)*.

VOLK DER KHMER

Aus dem Einsiedler Kambu und einer Apsara, einer himmlischen Nymphe namens Mera, ging das göttliche Ge-

www.marcopolo.de/kambodscha

STICHWORTE

schlecht der Könige „Kambujas" hervor. Ihre Nachfolger schufen ab 802 Angkor unter Jayavarman II. „Es ist großartiger als alles, was uns die Griechen oder Römer hinterlassen haben", schwärmte der asienreisende Naturkundler Henri Mouhot 1860 und fragte die Khmer nach den Erbauern der antiken Tempelstadt. Engel oder Riesen, vielleicht der Hindugott Indra, so lauteten die rätselhaften Antworten. Oder: Es habe sich von selbst erschaffen. Mouhot schließlich resümierte: „Welch ein trauriger Kontrast zu dem Barbarentum, in das die Nation heute abgestürzt ist." Die Legende und Angkor stehen in krassem Widerspruch zu den Bildern, die Kolonialisten und Nachbarn über die Khmer verbreitet haben: Es sei ein lethargisches Volk aus Bauern, fatalistisch und unterwürfig. Dunkelhäutige Wilde, die mit den Händen essen, schimpften die Vietnamesen. Lebenslust und Leid kennzeichnen die Historie der Khmer schon in den Reliefs von Angkor: Apsaras mit diesem unergründlichen Khmer-Lächeln, dem „sourire khme", manche noch mit Einschusslöchern des Bürgerkrieges, neben Folterszenen und Kriegsgewirr. Überall im Land kann man dieses Lächeln wiedersehen: in einem armseligen Fischerdorf am Mekong, bei den Musikanten des Gamelan-Orchesters oder bei der Geisterbeschwörung eines Schamanen. Und wenn die Kambodschaner erst ihre Feste feiern, wird das Khmer-Lächeln zum Strahlen, breit wie der Mekong, und die Goldzähne blitzen.

Fotos von Opfern der Roten Khmer

VOLUNTOURISM

Es gibt seit den 1990er-Jahren in Kambodscha ca. 2000 NGOs (Non-Governmental Organizations) – das ist ein Viertel aller weltweit registrierten NGOs! Ein großer Trend und mittlerweile ein Bombengeschäft. Unter jungen Urlaubern heißt es immer öfter „Voluntourism" – eine Wortschöpfung aus dem Englischen – das ist eine Mischung aus Freiwilligenarbeit und Tourismus. Besonders beliebt ist Sprachunterrricht, Hilfe in Waisenhäusern oder Aufbau von Spielplätzen, Fußballtraining und die Arbeit mit Behinderten. Aber man spaziert nicht einfach ohne Sprachkenntnisse und Hintergrundwissen – auch über kambodschanische Manieren – in eine solche Institution hinein und fragt nach einem Job. Interessierte sollten auch aufpassen, wenn sie an undurchsichtige Organisationen geraten, die große Summen für die Verwaltung oder die Unterbringung im Vorfeld kassieren wollen. Eine erste Anlaufstelle für die Orientierung im kambodschanischen NGO-Dschungel ist *conCERT Cambodia (Connecting Community, Environment and Responsible Tourism, www.concert-cambodia.org)*, die über verantwortliche Hilfsorganisationen in allen Bereichen informieren.

ESSEN & TRINKEN

Bild: Mit vielen Gewürzen – Prahok Ang

Ein Gang über die Märkte verrät Aufschlussreiches über die Essgewohnheiten der Khmer: gebratene Ratten, Heuschrecken am Spieß, geröstete Spinnen und Käfer, Eier von sauren Ameisen und Hühnerembryos direkt aus dem Ei ...
Keine Sorge: Reis und frischer Fisch sind für die Kambodschaner die Hauptnahrungsmittel. Zur Bereicherung der Speisekarte haben im Lauf der Jahrhunderte die Nachbarn beigetragen, vor allem die Thai mit hierzulande reichlich entschärften Currys und die Chinesen mit der Nudelsuppe. Die Vietnamesen brachten ihre Frühlingsrollen und Elefantenohrfische mit. Die Kolonialherren hinterließen das Baguette *(num pang)* – etwa als Snack mit leckerer Füllung aus Eiern, Gurke oder Sardinen.

Die Kambodschaner schwören auf proteinreichen Fisch *(trey)* in allen Varianten: als Knabberzeug geräuchert oder getrocknet, gebraten oder gegrillt. Schon zum Frühstück essen viele Khmer *num banh choc,* eine Fischsuppe mit Reisnudeln, oder die Nudelsuppe *kuei tiou* mit Rindfleisch, Huhn oder Schwein. Vegetarier bestellen *Kuei Tiou Bun Lai*. Leider kommen die Nudelsuppen an den Landstraßen immer öfter als reine Instantsuppen aus der Tüte daher – ein Fast-Food-Trend, der sich hoffentlich nicht fortsetzt.
Im Restaurant werden stets mehrere Speisen gleichzeitig serviert – je mehr Gäste, desto opulenter das Mahl. Beispielsweise bestellt man Fleisch oder Geflügel (in einfachen Lokalen meist

Curry, Frühlingsrollen und französisches Baguette – Nachbarn und Kolonialherren haben Kambodschas Küche beeinflusst

mitsamt Knochen und Knorpeln), an Fluss und Küste natürlich auch frische Meeresfrüchte. Als Vorspeise eignen sich kleine Frühlingsrollen – gebraten *(num chaio)* oder aus weißem Reispapier *(naim)*, am Tisch gefüllt zum Beispiel mit Möhren und Pilzen. Als Gemüse werden Kohl, Pilze, Mais und Bambussprossen im Wok kurz gerührt. Zu jedem Mahl gehört immer eine Suppe *(samlor)* wahlweise mit Hühner- *(moan)*, Rind- *(sa-ich koa)* oder Schweinefleisch *(sa-ich chrouk)*. Salate haben nichts mit Kopfsalat und Co. zu tun, sondern mit rohem Rindfleisch und typischen Kräutern oder wie beim Salat aus grünen, unreifen Mangos mit geräuchertem Fisch oder Garnelen.

Grundlage der Currys *(kari)* ist eine im Mörser zerstampfte Paste aus dem aromatischen Zitronengras, Chili, Knoblauch und Ingwer – im Wok gekocht mit Gemüse und Fleisch in Kokosmilch. Von der Farbe sollten Sie nicht auf die Schärfe schließen. So ist das rote Curry z. B. mild und eher süß

24 | 25

SPEZIALITÄTEN

▶ **Amok** – Fisch oder Hühnchen in Kokosmilch, mit Knoblauch, Ingwer, Zitronengras, Chili und Kurkuma, serviert in einem Körbchen aus Bananenblättern oder in einer Kokosnusshälfte (Foto li.)
▶ **Kampot Pepper Crab** – Krabben mit dem weltbesten grünen Pfeffer
▶ **Kari Baitongh Saich Moan** – grünes Hühnercurry mit Sauce aus Kokosmilch
▶ **Loc Lac** – Rindfleischgericht mit Knoblauch und Zwiebeln in Limonenmarinade, meist serviert auf Salatblättern
▶ **Naim** – vegetarische (rohe) Frühlingsrollen aus weißem Reispapier, gefüllt mit verschiedenen Gemüsen (Foto re.)
▶ **Num Chaio** – kleine frittierte Frühlingsrollen mit Gehacktem und Gemüse
▶ **Nyoum Trayong Chek** – Salat aus Bananenblüten, oft mit Hühnchen, Zitronensauce, Thai-Basilikum und Erdnussstückchen
▶ **Plia Saich Koa** – Salat aus rohen Rindfleischscheiben mit Gemüse und Kräutern wie Zitronengras, Koriander und Minze
▶ **Prahet Trey Chean (Fishcake)** – kleine frittierte Bällchen aus Fischfilet, Gemüse und Zitronengras, sehr lecker als Vorspeise mit einer Dip-Sauce
▶ **Saich Koa Char Spee Khieu** – Rindfleischscheibchen im Wok gebraten mit Zwiebeln, Knoblauch und chinesischem Broccoli in saftiger Sauce
▶ **Samlor Kako** – Gemüsesuppe meist mit Süßkartoffeln, Bohnen, Kürbis, gewürzt mit Zitronengras, Kurkuma und Fischsauce, wahlweise auch mit Fisch oder Huhn
▶ **Samlor Macho Boang Koang** – vom thailändischen Klassiker Tom Yam inspirierte klare, säuerliche Garnelensuppe, gewürzt mit Zitronengras, Koriander und Thai-Basilikum, auch als Hühnersuppe zu bekommen *(Samlor Macho Saich Moan)*
▶ **Trey Dom Rey** – gebratener Elefantenohrfisch mit süßsaurer Sauce

(für die Farbe verwendet man die roten *mkak*-Samen), außerdem gehört bei den Khmer die Süßkartoffel ins Curry. Weitere oft verwendete Gewürze: Koriander, Minze, Limonenblätter, Sternanis, Tamarinde, Tarowurzel. Sehr beliebt ist das **INSIDER TIPP** *Khmer-Barbeque*, bei dem das Fleisch und Gemüse in einem Tontopf über glühender Holzkohle am Tisch im brodelnden Suppensud gegart

www.marcopolo.de/kambodscha

ESSEN & TRINKEN

werden – das sollten Sie unbedingt einmal ausprobieren! Die Kambodschaner benutzen als Würze oft die berüchtigte salzige Fischpaste *prahok* – für westliche Gaumen (und Nasen) ist sie eher gewöhnungsbedürftig, aber in den besseren Lokalen steht sie stets in einer milden Version auf dem Tisch.

Selbst ihre Kuchen und Süßigkeiten zaubern die Kambodschaner aus Reis: zum Beispiel den mit Kokosmilch und Palmzucker gesüßten Klebreis mit schwarzen Bohnen, im Bambusrohr gebacken oder auch in Bananenblättern eingewickelt. Ebenso beliebte Snacks am Straßenrand sind die relativ harten, weil unreifen Mangos in Scheiben *(sway)*. Weiche und saftige Mangos *(sway tum)* gibt es natürlich auch (in der Saison März bis Mai). Nicht zu vergessen all die exotischen Früchte wie die rot-stachlige Rambutan, die rosarote Drachenfrucht, die saftige Mangostane sowie Papaya, Ananas und kleine, süße Bananen.

Kaffee wird meist schwarz und stark oder mit einer gesüßten Kondensmilch serviert. Tee gibt es in vielen Lokalen gratis zum Essen, sobald Sie sich gesetzt haben. Fruchtsäfte *(toek kalok)* können Sie jederzeit und überall am Straßenrand genießen (aber lassen Sie das Eigelb weg), oder Sie wählen den frisch ausgepressten Zuckerrohrsaft, den man aus der Plastiktüte mit Strohhalm trinkt. Nur die allgegenwärtigen Straßenstände mit den Fanta-Flaschen sollten Sie bei Durst nicht aufsuchen – sie verkaufen Benzin. Zu den einheimischen Alkoholika gehören Angkor Beer und Palmwein *(toek thnaout*: ein vergorener süßlich-saurer Saft der Zuckerpalme). In den Touristenzentren fließen natürlich auch Softdrinks, Weine, westliches Bier, Whiskeys, Wodka – und Sie haben die Qual der Wahl zwischen zahllosen Lokalen mit internationalen Speisen: von Pizza über Couscous bis Sushi. Die Vorliebe der Kambodschaner für gebratene Taranteln, Wasserkäfer und ähnlich exotische Delikatessen hat wahrscheinlich ernste Wurzeln: Unter

Mobile Küche auf dem Markt

der Pol-Pot-Herrschaft haben solche Speisen manchen Kambodschaner bei der Zwangsarbeit auf dem Feld schlicht vor dem Hungertod bewahrt.

Übrigens: In Kambodscha isst man meist mit Löffel und Gabel, wie auch bei den Thailändern. Nur zu Nudelsuppen kommen die Stäbchen mit Löffel zum Einsatz. *Angchean tchnang!* Guten Appetit!

26 | 27

EINKAUFEN

Sie sollten beim Rückflug einen Zuschlag wegen Übergewichts des Koffers einkalkulieren: Die Palette an Kunsthandwerk und Souvenirs ist groß, vor allem in Siem Reap und Phnom Penh. Handeln gehört auf den Märkten zum Geschäft – das Lächeln nicht vergessen! Die besten Preise gibt es frühmorgens oder kurz vor Ladenschluss. Bei vielen Läden gehen die Erlöse an humanitäre Projekte oder direkt in die Dörfer, in denen die Waren produziert werden. Edelsteine aus der Gegend um Pailin sollten nur echte Kenner unter die Lupe nehmen – es gibt zu viele überteuerte (Glas-)„Schnäppchen".

KAMBODSCHANISCHE SEIDE

Die begehrte Seide gibt es in unterschiedlich feiner Qualität als modische Kleidung oder Sarongs, Kissenbezüge oder Handtaschen. Der gesamte Prozess der Seidenproduktion vom Maulbeerbaum über die Ernte bis zum Webstuhl können Sie beim *National Silk Center* oder der *Angkor Silk Farm* bei Siem Reap besichtigen. Die Blätter der Maulbeerbäume dienen als Futter für die gefräßige Seidenraupe, bevor diese sich mit einem bis zu 1000 m langen Faden in ihre etwa daumendicken Kokons verpuppt. Beim Kochen in großen Kesseln löst sich der Faden, wird gefärbt, gespült, geschleudert, wieder gerade geschlagen und auf Spulen aufgewickelt. An den Webstühlen entsteht schließlich das Seidengewebe nach der *ikat*-Methode: Der Seidenfaden wird vor dem Weben alle 2 cm in unterschiedlichen Farben getönt. Damit ein gleichmäßiges Muster entsteht, muss die Weberin ein außergewöhnlich gutes Auge haben.

KRAMA-SCHALS

Das klassische Kambodscha-Souvenir: Der *krama*-Schal, in Rot, Blau oder Schwarz kariert, ist aus reiner, handgewebter Baumwolle – ein billiges Multi-Talent (ab 0,50 Euro/3000 Riel) auf staubigen Pisten oder in eisgekühlten Restaurants, als Handtuch oder Schulterbedeckung beim Pagodenbesuch.

KULINARISCHES

Was wären die Pariser Restaurants ohne den Pfeffer aus Kampot! Gewürze und Honig, Kaffee und Tee, Cashewnüsse, Reiswein und Kokosnussöl sowie originelle Produkte aus der Zuckerpalme und Wasserhyazinthe – besonders auf den

Auf den Märkten und in den Boutiquen Kambodschas können Sie tagelang stöbern – und wunderschöne Mitbringsel kaufen

Märkten kommt man aus dem Schnüffeln, Kosten und Stöbern nicht mehr heraus.

KUNSTHANDWERK

Statuen jeglicher Größe und Couleur, Körbe und Rattanmöbel, Töpfer- und Lackwaren, traditionelle Musikinstrumente und Schattentheaterfiguren sind in den Touristenzentren zu günstigen Preisen zu haben. Die beliebten Kopien der Apsaras, Buddhas, Hindugötter und alter Gottkönige wie des weise lächelnden Jayarvaman VII. sind meist aus Stein, Bronze oder Holz, wobei den Kunstwerken mit der Polychromy-Technik eine täuschend echte Patina verliehen wird. Werkstatttouren gibt es bei *Artisans d´Angkor (www.artisansdangkor.com)* in Siem Reap. Klären Sie beim Kauf (oft nur vermeintlich) echter Antiquitäten mit dem Ladeninhaber die Ausfuhrerlaubnis des Fine Arts Departments in Phnom Penh und gebenenfalls den Versand per Luftfracht!

SILBER

Besonders die Silberschmiede fertigen Ware höchster Qualität und Reinheit (angeblich 70 bis 92 Prozent, es gibt aber auch jede Menge gut gemachte Kopien): Wie wäre es mit Schmuck und Buddhafiguren, Chopsticks und Besteck als Souvenir? Der Renner sind die kleinen silbernen *Areka*-Dosen in Tier- oder Obstform, die früher zur Aufbewahrung der hungerstillenden Areka-Betelnüsse dienten. Besonders beliebt bei Khmer-Eltern: die kleinen silbernen Fußkettchen für Babys, die INSIDER TIPP *Chang Krang Cheung*.

TEMPLE RUBBINGS

Die Drucke von Angkor Wat oder dem Ramayana-Mythos auf schwerem, feucht behandeltem (Reis-)Papier sind INSIDER TIPP als Mitbringsel sehr praktisch: leicht zu transportieren, preiswert und wunderschön.

28 | 29

DIE PERFEKTE ROUTE

VON DER HAUPTSTADT IN DIE PROVINZ

Fahren Sie ab **1** *Phnom Penh* → S. 40 auf der A 6 nordwärts bis nach **2** *Skun* → S. 101. Mutige probieren hier exotische Leckerbissen, z. B. gegrillte Taranteln. Hinter Skun biegt die N 7 Richtung Mekong ab. Bevor Sie den Flussriesen in **3** *Kampong Cham* → S. 107 auf einer langen Brücke überqueren, können Sie auf dem nahegelegenen Tempelhügel Phnom Proh große Buddhas und Angkor-Nachbauten genießen. Nehmen Sie auf Ihrem Weg in den Norden die Abkürzung über Chhlong direkt am Fluss entlang.

AM MEKONG ENTLANG

Mit dem Auto folgen Sie auf der N 7 dem Mekong. Spannender ist es aber, wenn Sie ein Boot chartern. Mit etwas Glück können Sie nahe **4** *Kratie* → S. 90 sogar einige der letzten Irrawaddy-Süßwasserdelphine beobachten. Ganz in der Nähe lohnt sich der Besuch im **5** *Wat Sambour* → S. 92 (Foto li.), einem der größten Tempel im Land. Weiter geht es auf der N 7 ins 120 km entfernte, herrlich verschlafene **6** *Stung Treng* → S. 96. Wie wäre es mit einer Radtour die Uferstraße entlang?

ABENTEUER IM OSTEN

Über die rumpelige N 78 führt die Route ostwärts nach Ratanakiri. Abenteurer kommen rund um die Provinzhauptstadt **7** *Ban Lung* → S. 85 voll auf ihre Kosten: Erleben Sie wilde Tiere bei einer Trekkingtour im **8** *Virachay-Nationalpark* → S. 89, baden Sie unter herrlichen Wasserfällen, und beobachten Sie in den Khmer-Loeu-Dörfern uralte Stammesrituale. Ins südlich gelegene Mondulkiri fahren Sie über die N 7 zurück in Richtung Snuol, biegen dann ab Richtung Osten auf die autobahnbreite Piste ins Hochland. Haben Sie die Provinzhauptstadt **9** *Sen Monorom* → S. 93 erreicht, können Sie den höchsten Wasserfall Kambodschas, ein Elefanten-Projekt und die Dörfer der Phnong-Hochländler besuchen.

KHMER-KÖNIGEN AUF DER SPUR

Kehren Sie auf der selben Strecke bis nach Kampong Cham zurück, und wenden Sie sich nach Norden nach **10** *Kampong Thom* → S. 102, einem guten Ort für eine Übernachtung. Dann geht es weiter über die N 6 nach **11** *Siem Reap* → S. 73. Hier starten die Ausflüge in die sagenhafte Ruinenstadt **12** *Angkor* → S. 57 (Foto re.) mit den

www.marcopolo.de/kambodscha

Erleben Sie die vielfältigen Facetten Kambodschas von Nord nach Süd mit Abstechern in abgelegene Provinzen

weltberühmten Tempelanlagen. Wenn Sie dann hungrig nach Siem Reap zurückkehren, schnuppern Sie einmal in die Khmer-Küche hinein, vielleicht bei einem Kochkurs vor Ort? In der Regenzeit können Sie sich über Kanäle ins geruhsame, charmante ⑬ *Battambang* → S. 68 schippern lassen, mit dem Auto geht's über die N 6 und N 5.

AN DIE KÜSTE IM SÜDEN

Wagemutige können den Rückweg mit dem Boot über den schier endlosen ⑭ *Tonle-Sap-See* → S. 83 bestreiten, bequemer geht es mit dem Auto über die N 6 wieder zurück nach Phnom Penh. Auf dem Weg zur Küste über die N 2 und die N 3 lohnt sich der Stopp im netten Flussstädtchen ⑮ *Kampot* → S. 33, um von hier aus sehr früh zum ⑯ *Bokor-Hochplateau* → S. 36 aufzubrechen. Bereits ab Mittag verhindern meist Wolken die Weitsicht aus rund tausend Metern Höhe.

BADEN UND INSELHÜPFEN AN DER KÜSTE

Das Strandleben genießen Sie in ⑰ *Sihanoukville* → S. 49: Einheimische und Touristen tummeln sich an den Stränden, Boote stechen zum Inselhüpfen in den Golf von Thailand. Abenteuerlustige erreichen über die N 48 die einstige Schmugglerinsel ⑱ *Koh Kong* → S. 54 mit Magrovenwäldern, Stränden und Flüssen. Zurück nach Phnom Penh nehmen Sie ab Sihanoukville die N 4 mit einem möglichen Abstecher in den ⑲ *Kirirom-Nationalpark* → S. 98.

2600 km. Empfohlene Reisedauer:
3–4 Wochen (mit Mietwagen und Fahrer)
Reine Fahrzeit: ca. 50 Stunden
Detaillierter Routenverlauf auf dem hinteren Umschlag, im Reiseatlas sowie in der Faltkarte

PHNOM PENH & DIE KÜSTE

Zweifellos, Phnom Penh hat die Bettlerlumpen abgestreift. Viele der verwitterter, ockergelben Kolonialbauten aus der Ära der Franzosen sind zu hochherrschaftlichen Hotels und Loungebars herausgeputzt worden. Lila blühende Bougainvilleen und knarzende Rattansessel empfangen die Gäste.

Vorbei sind die Zeiten, als sich die Stadt – noch Mitte der 1990er-Jahre! – nach Sonnenuntergang in eine kafkaeske, unwirkliche Szenerie aus flackerndem Kerzenlicht und Feuerstellen vor den Wohnbaracken verwandelte, mit einer Geräuschkulisse aus brummenden Generatoren und gar nicht seltenen Pistolenschüssen. Versuchte *coup d´états*, also Staatsstreiche, waren quasi an der Tagesordnung.

Heute glitzert Phnom Penh wie ein Weihnachtsbaum: Lichterketten hängen wie funkelndes Lametta an den Hotels, Tempeln und Palmen auf der belebten Uferpromenade, wo der Tonle Sap und der Mekong zusammenfließen. Es gibt wieder Strom (seit 1995) und Straßenlaternen (seit 1998), sogar Neonreklamen und digitale Ampeln mit Sekundenanzeige. Am Abend scheint es, als hätten sich die 1,5 Mio. Bewohner zum *dalin* versammelt – dem abendlichen Sehen und Gesehenwerden in einer schier endlosen Mofa-Armada ohne Ziel. Nach einer Ehrenrunde um das Unabhängigkeitsdenkmal kehren die Hauptstädter ein in die zahllosen Khmer-Lokale. Deren Namen sind reinste Zungenbrecher, drücken aber die Sehnsüchte aller Khmer

Bild: Victory Beach bei Sihanoukville

Die Straßen der kambodschanischen Hauptstadt sind wieder lebendig – zum Baden geht's an die einstige Riviera Indochinas

aus: Freiheit, Gleichheit, Gesundheit. Bei der Jugend heißt das: Handy, Mofa, Karaoke.

Die wohlhabenden Phnom Penhois zieht es wie in den 1960ern an die Strände bei Sihanoukville und Kep. Von der thailändischen bis zur vietnamesischen Grenze sind es rund 440 km, die ersten Boutiquehotels und Kasinos haben an der einstigen „Riviera Indochinas" eröffnet. Während Sihanoukville sich immer mehr zum trubelig-internationalen Badeort entwickelt, scheint in den Städtchen Kampot und Kep die Zeit noch stillzustehen – fragt sich, wie lange noch, denn an der Küste warten Dschungelnationalparks mit Wildtieren, Höhlen und Wasserfällen auf Erkundung.

KAMPOT

(132 C5) *(M G6)* **Ein Hauch von Kolonialzeit weht durch das beschauliche Städtchen am Toek-Chhouu-Fluss mit der palmenbestandenen Uferpromena-**

32 | 33

KAMPOT

de, gesäumt von kleinen Häuschen mit schattigen Arkadengängen und klapprigen blauen Fensterläden.
Die Stadt besaß im 19. Jh. einen geschäftigen Hafen mit chinesischen Handelsschiffen und pastellfarbenen Shophouses. Heute liegt sie rund 5 km landeinwärts, umgeben von Mangrovenwäldern und Sümpfen. Die rund 40 000 Einwohner

Street mit ihren schönen alten Gebäuden in Pastellfarben, die jedoch allmählich verblassen. Beim genauen Hinschauen kann man echte kleine Augenweiden entdecken, etwa das INSIDER TIPP winzige chinesische Shophouse mit den ovalen Art-déco-Fenstern unter halbzerfallenem Ziegeldach (zu sehen vom Dach der *Bar Red*, die nachts zum Treffpunkt der

Fischer als Gemischtwarenverkäufer: kleine Geschäfte am Hafen von Kampot

leben vorwiegend vom Krabbenfang, den Pfefferplantagen und der Zucht der berüchtigten, stinkenden Durianfrucht. Kampot ist eine beliebte Ausgangsbasis für Abstecher in den Bokor-Nationalpark (41 km nördlich) – oder die Weiterreise ins nur 50 km entfernte Vietnam.

SEHENSWERTES

Bei einem Spaziergang können Sie die geruhsame, koloniale Atmosphäre erleben, etwa am östlichen Flussufer mit dem prachtvollen Gouverneurssitz oder in den Gassen südlich der *Seven Makara*

Nachtschwärmer wird). Einen Eindruck der alten Traditionen bietet das *Khmer Cultural Development Institute*, in dem Jugendliche den Khmer-Tanz und das Spiel traditioneller Instrumente üben *(Mo–Fr 7–11 und 14–17 Uhr; 18.30–19.30 nur Tanz, 19.30–21 Uhr nur Musik | eine Spende ist angebracht)*.

ESSEN & TRINKEN

Am Abend ist kaum ein Sessel am Ufer frei – hier trifft man sich zum Sonnenuntergang in vielen Lokalen. Leckermäuler zieht es auch in die *Fruitshake-Street*:

www.marcopolo.de/kambodscha

PHNOM PENH & DIE KÜSTE

Zwischen alter Brücke und Kreisverkehr am Obelisk bekommen Sie an Garküchen Fruchtsäfte aus den exotischsten Obstsorten sowie Nudelsuppen und Snacks.

EPIC ARTS CAFÉ ☺

Das kleine Cafe wird von tauben Jugendlichen und der britischen Organisation Epic Arts betrieben. Kreuzen Sie Ihre Bestellung auf Zetteln an: Frühstück, Bagels und Müsli, Omelettes oder andere Snacks. Hier gibt´s auch Kunsthandwerk und handgemachte Postkarten. *Tgl. | 67 Ekareach St. (1st May Road, nahe dem Alten Markt Phsar Granath) | www.epicarts. org.uk | €*

RIKITIKITAVI ☼

Gutes Verandalokal mit ausgefallenen Speisen und großen Portionen (z. B. Frühstück, importierte Steaks und Vegetarisches) bei schönem Flussblick, guten Weinen, Cocktails und Whiskeys. *Tgl. | Uferstraße im Zentrum | Tel. 012 23 51 02 | €–€€*

TA EOU ☼

Auf Stelzen über dem Fluss essen Sie mit herrlichem Panorama am besten frische Meeresfrüchte. Das Lokal hat wegen der sporadischen besuchenden Reisegruppen einen teuren Ruf, doch keine Sorge: Hier speisen viele Khmer (Gerichte um 3 Euro). Es gibt sogar eine leckere Garnelenvorspeise, Tee und Bananen alles inklusive! *Tgl. | Uferstraße an der neuen Brücke | €*

FREIZEIT & SPORT

Wer Zeit hat und nicht nur immer gucken, sondern auch mitmachen will: Volunteering, also freiwillige Mitarbeit, ist stark angesagt in Kampot, z. B. im Englischunterricht mit den Mönchen, bei Projekten mit Behinderten (s. Epic Art

Café), Waisenkindern oder beim Fußballtraining. Info erhalten Sie z. B. bei Angela im populären *Blissful Guesthouse (Uferstraße im Zentrum von Kampot | Tel. 092 49 43 31 | www.blissfulguesthouse. com).*

BOOTS-, KAJAK- UND RADTOUREN

Kajaks werden beim Les Manguiers (s. u.) vermietet *(2 Std. ca. 3 Euro)*, damit können Sie den Flussalltag auf dem Chhouu erkunden und den Krabbenfischern über die Schulter schauen. Oder wie

MARCO POLO HIGHLIGHTS

★ **Bokor-Nationalpark**
Zur Regenzeit mystisch, sonst tollstes Küstenpanorama bei Kampot → S. 36

★ **Knai Bang Chatt**
In Kep finden Sie das schönste Boutiquehotel Kambodschas, errichtet im Stil Le Corbusiers → S. 39

★ **Silberpagode (Königspalast)**
Pracht und Prunk mitten in Phnom Penh: Marmor, Silber, 2086 Diamanten – und ein lebensgroßer Buddha aus 90 kg echtem Gold → S. 41

★ **Sunsetcruise auf dem Mekong**
Nicht nur für frisch Verliebte: den Sonnenuntergang in Phnom Penh auf dem Fluss erleben! → S. 46

★ **Raffles Le Royal**
Stilvoller nächtigen Sie nirgends – als in der Kolonialherberge mit der legendären Elephant Bar → S. 48

KAMPOT

wäre ein Sunsetcruise bis zu den Tek-Chhouu-Stromschnellen *(8 km nördlich)* mit Abkühlung beim Baden im Fluss? Privat-Charter ca. 7 Euro/Std. *(Tel. 092 17 42 80)* oder über Sok Lim Tours *(Tel. 012 71 98 72 | www.soklimtours.com).*

AM ABEND

BAR RED

Klassische Bar, um abends ein wenig „abzuhängen": Beim Waliser Steve gibt´s in familiärer Atmosphäre zwischen Theke und Korbsofa Khmer-Reisgerichte und Indisches wie Chicken Masala, natürlich auch Bier, Shakes und Tees – mit open end bis weit nach Mitternacht. *Tgl. ab 18 Uhr | Straße 718, an der Ecke der Seeing Hands Massagen, ca. 30 m von der Uferstraße*

ÜBERNACHTEN

LES MANGUIERS ☃

Das Manguiers liegt direkt am Fluss: Es bietet einfache Zimmer (Ventilator, teils Gemeinschaftsbad, Kaltwasser) in typischen Stelzenhäusern mit Panorama – auch für Familien geeignet – und sechs urige, palmblattgedeckte Bungalows im Garten. Superleckeres Homemade-Frühstück, Bademöglichkeit im Fluss! *13 Zi. | Uferstraße | ca. 2 km Schotterpiste nördlich der neuen Brücke | Tel. 092 33 00 50 | www.mangokampot.com | €–€€*

MEA CULPA

Gutes Preis-Leistungsverhältnis in einer kleinen ruhigen Herberge: schöne, helle Zimmer (DVD, Heißwasserdusche, ein Zimmer mit Balkon) Gemeinschaftsveranda, professionell und freundlich. Lokal mit Holzofenpizza. *4 Zi. | River Road | am südlichen Ende der Uferstraße hinter Gouverneursvilla links abbiegen | Tel. 012 50 47 69 | www.meaculpakampot.com | €*

INSIDER TIPP ▶ UTOPIA

Bei Max kann man gut für ein paar Tage entspannen – direkt über dem vom Dschungel überwucherten Fluss, als wäre man Colonel Kurtz/Marlon Brando in „Apocalypse now" (nachts brüllen hier sogar die Tiger – nein, es sind doch nur die beiden Löwen im nahe gelegenen Zoo): Es erwarten Sie Schlafsaalbetten (mit Safe, Handtuch, Moskitonetz), fünf simple Zimmer (nichts für Menschen über 1,70 m!) und zwei tolle, wenn auch etwas spartanische Stelzenbungalows mit Veranda (Kaltwasserdusche, Ventilator). Herrlich: Man kann im Fluss baden! *7 Zi. | 8 km nördlich von Kampot | Tel. 012 40 73 05 | utopiakampot.blogspot. com | €*

ZIELE IN DER UMGEBUNG

BOKOR-NATIONALPARK ★
(132 C5) (⌘ F–G 5–6)

Mitten im *Elefantengebirge* auf einem steil abfallenden Hochplateau erstreckt sich der Bokor-Nationalpark (auch: *Preah Monivong*, 1600 km²). Auf den rund 1080 m hohen Phnom Popok zog es die reichen Kambodschaner und Kolonialherren schon in den 1920er-Jahren an den Wochenenden, heute zeugen überwucherte Ruinen in der *Bokor Hill Station* von den ausschweifenden Zeiten: der Black Palace der königlichen Familie Sihanouks, eine französische Kirche, die alte Hotelvilla, das Postamt, der Wasserturm und das einst pompöse, vierstöckige ☃ Kasino (*Bokor Palace* aus dem Jahr 1925) – mit Kamin und atemberaubendem Küstenpanorama bis hin zur vietnamesischen Insel Phu Quoc. Etwas abseits bezaubert das winzige vietnamesische *Wat Sampeau Doi Moi* mit niedlicher Ziegelsteinpagode und fünf Mönchen. In den 1980–90er-Jahren versteckten sich die Roten Khmer

www.marcopolo.de/kambodscha

PHNOM PENH & DIE KÜSTE

Dichter Dschungel im Bokor-Nationalpark – gefährdetes Refugium für bedrohte Tiere

in den immergrünen Wäldern vor den vietnamesischen Truppen. Ein 2 km langer Fußweg führt zum *Popok-Vil-Wasserfall* mit seinen beiden ca. 15 m hohen Kaskaden *(11 km nordöstlich von Bokor Hill Station, lohnt nur in der Regenzeit)*. Zur Flora und Fauna gehören neben 300 Vogelarten auch der Muntiak-Hirsch, asiatische Schwarzbären, Gibbons und Elefanten und Tiger – leider weiterhin von illegaler Jagd bedroht. Nach der Minenräumung sind Bokor Hill und das einsturzgefährdete Kasino wieder zu einem beliebten Ausflugsziel und Picknickplatz geworden, vor allem an Feiertagen kommen Familien aus allen Provinzen. Ein geradezu größenwahnsinniges Hotel-Kasino-Projekt à la Las Vegas mit mehreren Wolkenkratzern ist geplant.

In der Regenzeit und ab mittags, wenn Wolken aufziehen, herrscht zwischen den Ruinen eine herrlich geisterhaftvernebelte Atmosphäre, die 2002 in dem düsteren Thriller „City of Ghosts" mit Matt Dillon als Kulisse diente. *41 km nördlich von Kampot | Trekkingtouren z. B. über Sok Lim Tours (s. o.) | Schlafsaal-Stockbetten vorhanden bei den Rangern in Bokor Hill Station | Eintritt: 4 Euro*

TEK-CHHOUU-WASSERFALL
(132 C5) (*G6*)

Der kleine Wasserfall (oder besser: Strudel) liegt ca. 8 km nordwestlich von Kampot und zieht vor allem an Wochenenden Massen von Kambodschanern an, die hier in den Pools baden und picknicken. Für Verpflegung sorgen außerdem zahlreiche Essensstände. Auf dem Weg liegt ein kleiner privater Zoo.

KEP
(132 C6) (*G6*) **Der 10 000-Seelen-Ort hatte seine glorreiche Zeit als Sommerfrische während der französischen Kolonialherrschaft: Kep-sur-Mer.**
Auch die königliche Familie vergnügte sich hier bei Wassersport und am Roulettetisch.

KEP

Die Roten Khmer machten dem elitären Treiben 1975 ein Ende und zerstörten den verhassten bourgeoisen Ort fast gänzlich. Der Spuk in der Geisterstadt hielt bis Mitte der 1990er-Jahre an. Heute erlebt das wochentags immer noch ganz wunderbar verschlafene Kep seine Wiederauferstehung als Wochenendziel – wenn die Einheimischen anreisen zum Picknick und Bad im Meer in voller Montur. Manch einer munkelt schon von Kreuzfahrtpier, Kasino und Golfplatz. Fest steht: An der Uferpromenade dreht sich alles nur um eines – Krabbenkutter, Krabbenmarkt und eine gigantische Bronzekrabbe. *Auskunft: www.kepcity.com*

SEHENSWERTES

KÖNIGLICHE VILLEN

Die moderne, verlassene Wochenendvilla *(Damnaksdach)* von Exkönig Sihanouk thront auf einem Hügel oberhalb des Kep-Strandes mit fast zugewachsener Aussicht. Eine zweite, weniger bekannte königliche Villa ca. 3 km östlich an der Uferstraße ist eindrucksvoller: ein Kolonialbau mit Garten, freskengeschmückter Fassade, geschwungener Treppe im Innern, wo der Ex-Soldat Mr. Teiv lebt – auch davon, dass er gern 1 US-$ Eintritt nimmt. Die Einschusslöcher in den Fassaden weiterer Villenruinen lassen das Wüten der Roten Khmer erahnen.

ESSEN & TRINKEN

Lassen Sie sich zum Sonnenuntergang die lokale Spezialität der vielen Suppenküchen am Krabbenmarkt *(Phsar Gadam)* oder auf Plattformen und Bastmatten am *Kep Beach* schmecken: vor allem Tintenfisch, Shrimps und Fisch an Spießen überm Holzkohlefeuer gegrillt und die *Kampot Pepper Crab* z. B. auch im *Kim Ly Loka (€)* am Krabbenmarkt.

LE FLAMBOYANT

Schickes Gartenlokal mit mediterran-französisch-kambodschanischer Küche

Meeresspezialitäten quasi direkt aus dem Netz: Krabbenmarkt in Kep

www.marcopolo.de/kambodscha

PHNOM PENH & DIE KÜSTE

auf biologischer Basis, eigener Anbau. *Tgl. | Abzweig landeinwärts an der N 33 nach Kampot | Tel. 016 71 38 23 | €€*

STRÄNDE & SPORT

Die Strände Keps sind leider graubraun, steinig und wenig attraktiv für westliche Ansprüche; erkunden Sie lieber die sieben vorgelagerten Inseln bei Tagesausflügen inklusive Seafood-Lunch und Schnorcheln *(5–10 Euro p. P.)*: z. B. die nur 2 km² große *Koh Tonsay* mit Strandlokalen und spartanischen Hütten bei den Fischerfamilien *(Strom 19–22 Uhr | €)*.

Sie können die Inselhoppingtour kombinieren mit *Koh Svay (Mango Island)* oder *Koh Pos (Snake Island)*. Beim Schnorcheln sieht man zwar nicht viele Korallen (außer bei *Koh Saran*), aber farbenprächtige Fische. Das größte Eiland ist *Phu Quoc* und gehört zu Vietnam *(25 km entfernt)*. Die Insel ist über den Grenzübergang Ha Tien zu erreichen, besorgen Sie sich vorher ein Visum. Von dort gehen täglich Schiffe. Für Katamaransegeln, Windsurfen und Kajaking *(3 Euro/Std.)* hat der Sailing Club neben dem Knai Bang Chatt die richtige Ausrüstung.

AM ABEND

KUKULUKU BEACH CLUB
In dem kleinen Gästehaus *(3 Zi., Schlafsaal)* geht jede Freitagnacht in der klimagekühlten Bar und am kleinen (grauen) Strand die Post ab: Schwofen zu angesagten Rhythmen am Pool und beim BBQ. *An der N 33 nach Kampot | Tel. 012 60 78 77 | www.kukuluku-beachclub.com*

ÜBERNACHTEN

THE BEACH HOUSE
Zentral und trotzdem ruhig, helle, komfortable Zimmer mit Klimaanlage. Gemeinschaftsveranda mit tollem Sonnenuntergangsblick aufs Meer (1. Stock), Mini-Pool und Spa, WIFI. *16 Zi. | an der Uferpromenade | Tel. 012 71 27 50 | www. thebeachhousekep.com | €€*

KEP LODGE ☼
Grandiose Aussicht vom Hang auf die Bokor-Berge: unterschiedlich große Stein- und Stelzenbungalows mit Strohdach. Kleiner Salzwasserpool, Billard. Familiäres Lokal mit Schweizer Klassikern wie Schnitzel und Rösti *(€€)*. Viele Toureninfos. Rechtzeitig reservieren! *6 Zi. | Abzweig landeinwärts an der N 33 nach Kampot | Tel. 092 43 53 30 | www. keplodge.com | €–€€*

KNAI BANG CHATT ★
Zwei 1960er-Villen im Stil Le Corbusiers: Das exklusive, intime und erste Boutiquehotel an der Küste beherbergt seine Gäste in minimalistischen Zimmern (ohne TV) und trumpft mit Swimmingpool direkt am Meer und bestem Service (das ganze Anwesen kann zu einem wirklich akzeptablen Preis gemietet werden). Im angeschlossenen Restaurant *(tgl. | €€)* können Sie beim ● INSIDER TIPP▶ Dinner bei Sonnenuntergang oder Kerzenlicht am Meer die Füße in den noch warmen Sand stecken und anschließende einen Cocktail auf Lümmelsofas unterm Sternenhimmel genießen. *11 Zi. | an der N 33 nach Kampot | Reservierung in Phnom Penh | Tel. 023 21 21 94 und 078 88 85 56 | www.knaibangchatt.com | €€€*

VERANDA NATURAL RESORT ☼
Familienfreundliche Bungalows und eine Villa am Hang: viel Holz, Naturstein und Terrakotta, teils Hängematten auf der Terrasse und Open-Air-Bäder, rustikal und luxuriös! Lokal *(€)* mit Super-Küsten-Sunset-Panorama, Bäckerei und

PHNOM PENH

Eisproduktion. Oft ausgebucht. *20 Zi. | Abzweig landeinwärts an der N 33 nach Kampot | Tel. 033 39 90 35 | www. veranda-resort.com | €€–€€€*

ZIELE IN DER UMGEBUNG

PHNOM KEP ☀ **(132 C6)** *(Ⓜ G6)*
In dem kleinen Nationalpark (50 km²) gleich hinter Kep ist ein 8 km langer, dreistündiger „Jungle-Trek" möglich – bis hinauf auf den Sunset-Rock mit bester Aussicht vom 182 m hohen Phnom Kep. Hier tummeln sich wilde Makaken auf den Dipterocarpen-Baumriesen. *Info: Kep Lodge und Led Zep Café*

WAT KIRISAN (132 C6) *(Ⓜ G6)*
Der Höhlentempel Wat Kirisan (auch: *Wat Kirisela/Wat Phnom*) liegt in traumhafter Kulisse aus steilen, zerklüfteten Karstbergen zu Füßen des wilden *Phnom Sor*. Im Innern des teils eingestürzten Kalksteinbergs verstecken sich ein verwunschener Talkessel, ein großer Liegender Buddha sowie Hunderte von Grotten und Nischen, die man teils auf allen Vieren erkunden kann. *Eintritt ca. 1 Euro | etwa 25 km östlich von Kep beim Ort Kampong Trach (N 33)*

PHNOM PENH

KARTE IM HINTEREN UMSCHLAG **(133 D4)** *(Ⓜ H5)* **Die ca. 600 Jahre alte Hauptstadt (ca. 1,5 Mio. Ew.) am Tonle-Sap-Fluss ist auf einer rasanten Zeitreise ins 21. Jh. und dem bäuerlichen Rest des Landes um Lichtjahre voraus!**
Die ersten spiegelverglasten Wolkenkratzer des Landes sind hier im Bau, wo sonst! Dabei hat die Stadt noch immer

---

🏙 WOHIN ZUERST?
Sisowath Quay (U D–E 1–3) *(Ⓜ d–e 1–3):* Die Uferpromenade am Tonle-Sap-Fluss ist der perfekte Ausgangspunkt in Phnom Penh, egal ob Sie im Süden den Königspalast und die bunten Märkte besichtigen wollen oder im Norden in einer der zahlreichen Touristen-Lokalitäten am Flussufer die Nacht durchfeiern wollen. Laufen Sie zu Fuß hierher, oder lassen Sie sich gemütlich im Cyclo herradeln.

---

ihren eigenen Charme bewahrt – einen Mix aus asiatischem (Verkehrs-)Chaos, der khmer-typischen Gelassenheit und französischem Kolonialflair. An einigen Ecken behaupten sich wunderschöne Jugendstilvillen und Art-déco-Juwelen (z. B. entlang der *Street 92*).

Die einst geplünderte Geisterstadt hatte bis Mitte der 1990er-Jahre nur sieben asphaltierte Straßen im Schachbrettmuster, die großen Boulevards, die mit ihren ständigen Umbenennungen die politische Couleur der jeweils Regierenden widerspiegelten – mal benannt nach Marx und Lenin, mal nach König Sihanouk und Charles de Gaulle.

Am nördlichen *Sisowath Quay* schlägt direkt am Ufer des Tonle Sap das touristische Herz der Stadt mit Luxushotels und schicken Restaurants, Geldautomaten und Reisebüros, Bettlern und fliegenden Händlern. Am südlichen Teil der Uferpromenade nahe dem Königspalast tobt das kambodschanische Leben: Picknick, dampfende Garküchen, Wunderheiler, 🟢 Aerobic-Massengymnastik, Tai Chi und Federball.

Nicht nur die Straßen und Plätze sind heute wieder voller Leben, auch die zahlreichen Go-go-Bars und Klöster.

www.marcopolo.de/kambodscha

PHNOM PENH & DIE KÜSTE

Die Mönche widmen sich Buddha und seiner Lehre, aber auch modernen Verpflichtungen und Zerstreuungen: etwa, wenn sie den Neuwagen eines Gläubigen eimerweise mit Weihwasser segnen oder voller Begeisterung der Fußball-WM leider ohne Arme), der bronzene schlafende *Vishnu* (11. Jh.) und das *Hausboot* von König Ang Duong, dem Urgroßvater des einstigen Königs Sihanouk. *Fotografieren/Video nur außerhalb | tgl. 8–17 Uhr | Eintritt 2 Euro | Street 13 Ecke*

Touristisches Highlight der Hauptstadt: die überreich ausgestattete Silberpagode

vor der Kloster-Mattscheibe folgen. *Auskunft: www.phnompenh.gov.kh, www.phnompenhonline.com*

SEHENSWERTES

NATIONALMUSEUM ● (U E3) (e3)
Hauptattraktionen in dem pagodenartigen Bauwerk aus rostbraunen Backsteinen sind die schönsten Exponate der Angkor-Epoche (802–1431). Zu den kostbarsten der 5000 chronologisch geordneten Ausstellungsstücke gehören der große achtarmige *Vishnu* aus der Funan-Ära (6. Jh.), eine Sandsteinstatue von *König Jayavarman VII.* in der Pose des meditierenden Buddhas (12./13. Jh., *Street 178, nördlich vom Königspalast | www.cambodiamuseum.info*

**SILBERPAGODE (KÖNIGS-
PALAST)** ★ ● (U E4) (e4)
Die Silberpagode (auch: *Wat Preah Keo Morokot, Tempel des Smaragd-Buddhas*) liegt auf dem weitläufigen Gelände des 1866 erbauten Königspalasts: Zugänglich sind lediglich die imposante Thronhalle, gekrönt mit Bayon-Gesichtern an der 59 m hohen Turmspitze (betrachten Sie im Innern auch die kunstvollen Szenen aus dem indischen Ramayana/Reamker-Heldenmythos an der Decke), sowie einige kleinere Gebäude links/südlich davon, etwa der auffällige, zierliche

40 | 41

PHNOM PENH

Pavillon von Napoleon III. mit Kunstgalerie. Durch ein Tor in der Mauer zur Linken gelangen Sie zur herrlichen Silberpagode, 1962 anstelle des hölzernen Vorgängerbaus von 1892 errichtet: Das Innere ist ausgestattet mit italienischem Marmor, Silber (beachten Sie die 5329 Bodenfliesen) und jeder Menge Gold. Im Zentrum steht in Lebensgröße mit erhobenen, d. h. angstlos und mit schützenden Händen der *Preah Srei Arya Métreya-Buddha* (der Buddha der Zukunft) aus 90 kg purem Gold, verziert mit 2086 Diamanten mit bis zu 25 Karat, die von Krone bis Fuß, an Händen und Augen des Erleuchteten funkeln. Dahinter sitzt der hoch verehrte Smaragd-Buddha *(Preah Keo)* auf dem vergoldeten Bossabok-Pavillon – eine eher unscheinbare, ca. 50 cm große grüne Figur, vermutlich aus Baccara-Kristall. Vor der Silberpagode stehen die *Reiterstatue von König Norodom* und die *königlichen Grab-Stupas,* die rechte enthält die Asche von Norodom und Gattin, den Eltern des jahrzehntelang amtierenden Exkönigs Sihanouk. Die umgebenden Galerien beeindrucken mit teils hervorragend restaurierten Szenen des Ramayana/Reamker auf rund 600 m² Fläche (vor allem die östliche Galerie gegenüber der Silberpagode, wo die Legende im unteren/südlichen Teil beginnt). *Tgl. 8–11 und 14–17 Uhr | Eintritt 4 Euro inkl. Fotoerlaubnis (nicht innerhalb der Gebäude!) und Broschüre, kein Einlass in Shorts und Trägerhemdchen | Sothearos Blvd.*

TUOL SLENG GENOCID MUSEUM
(U C5) (📖 c5)
Die Gedenkstätte Tuol Sleng war früher ein Foltergefängnis der Roten Khmer, auch S-21 genannt. 1975–79 wurden hier etwa 20 000 Kambodschaner gefangengehalten und gefoltert, ehe sie auf den *Killing Fields* bei Choeung Ek

vor den Toren der Stadt ermordet und in Massengräbern verscharrt wurden. In den zu Zellen umgewandelten Klassenräumen der ehemaligen Schule steht der Besucher heute vor den eisernen Pritschen mit Handschellen, dem Folterwerkzeug, den unzähligen Schwarzweißfotos der penibel registrierten, teils kindlichen Opfer und den düsteren Gemälden der Insassen. Der Stacheldraht um einen Teil der Gebäude sollte Selbstmorde verhindern. Nur sieben Gefangene haben das Folterregime überlebt – allesamt Maler und Musiker, die für die Unterhaltung der Roten-Khmer-Führer hatten sorgen müssen. *Tgl. 7.30–17.30 Uhr; einstündige Filmvorführungen 10 und 15 Uhr | Eintritt ca. 1,50 Euro | Street 113 nahe Street 350*

WAT PHNOM 🔆 (U D2) (📖 d2) ✗
Der von Makaken bevölkerte, rund 30 m hohe Tempelhügel Wat Phnom entstand nach einer Legende: Eine gewisse Lady Penh *(Yea Penh)* soll diesen Berg aufgeschüttet haben, nachdem sie im Jahr 1372 vier Buddhastatuen im Mekong gefunden und nach einem ehrwürdigen Aufbewahrungsort gesucht hatte. Heute wird sie selbst als Statue in einem Schrein verehrt (die kleine, mollige Dame mit Brille). Hinter dem Tempel mit Wandmalereien aus dem Leben Buddhas steht auch die große weiße Stupa mit der Asche des Königs Ponhea Yat, des Gründers Phnom Penhs. Elefanten stehen zum Reiten bereit, in der Nähe ist ein Spielplatz. *Tgl. etwa 7–18 Uhr | Eintritt ca. 1 Euro | Street 19 nahe dem Fluss*

ESSEN & TRINKEN

BAI THONG (U E4) (📖 e4)
Nettes, kleines Thai-Restaurant, angenehm ruhig, elegant und klimatisiert: Außer den thailändischen Speisen und

www.marcopolo.de/kambodscha

PHNOM PENH & DIE KÜSTE

Klassikern aus den Nachbarländern wird auch französische Küche serviert, gute Weinauswahl und Cocktails. *Tgl. | 100 Sothearos Blvd., nahe Independence Monument | Tel. 023 21 10 54 | €–€€*

BOPHA PHNOM PENH TITANIC RESTAURANT ● (U D2) (*d2*)
Eines der schönsten Lokale in der Hauptstadt: Sie speisen in Korbsesseln bei Kerzenschein am Fluss (Mückenschutz nicht vergessen!) mit schier unendlicher Auswahl (z. B. Couscous, Käsefondue, Currys, Hummer, Vegetarisches). Spezialität: Büffelsteak! Freundlicher Service, Khmer-Tanz-Show jeden Abend 19–21 Uhr, Liveband *Titanic* am Wochenende. *Sisowath Quay, Höhe Fährhafen | Tel. 023 42 72 09 | €–€€*

INSIDER TIPP ▶ KOLAP ANGKOR
(U D4) (*d4*)
Kleine, saubere und familiäre Suppenküche mit einheimischen Gerichten in drei Portionsgrößen. Einfach, spottbillig und lecker, z. B. die Rindfleischsuppe *Cambodian Style* oder Bratnudeln mit Seafood. *Tgl. | 35 B Street 55, nahe Independence Monument | €*

MALIS (U E5) (*e5*)
Angesagtes, edles Gartenlokal hinter einer hohen Mauer (aber leider an lauter Straße), auch mit klimatisierten Plätzen: Geboten wird beste moderne Khmer-Küche mit Gerichten wie Entencurry, Amok und Suppen. Großer Weinkeller – über die Qualität wacht der riesige Buddha im Hof. *Tgl. | 136 Street 41/Norodom Blvd. | Tel. 023 22 10 22 | €€–€€€*

ONE MORE PUB (U D5) (*d5*)
Eine kleine (deutsche) Kneipen-Oase mit begrüntem Patio: Bei Peter bekommen Sie immer ein kühles Bier, gute Weine und (internationale) Hausmannskost. Auch zwei einfache Gästezimmer *(€)* sind hier zu haben. *Mo–Sa | 16 Eo Street*

Es sind die Taten, die zählen: tägliche Opfergaben im Wat Phnom

PHNOM PENH

Handeln erlaubt: Shopping in Art déco im Central Market

294 | Tel. 017 32 73 78 | www.onemore pub.com | €€

RESTAURANT 112 (U C2) (m c2)
Fine Dining in der eleganten Colonial Mansion (Appartements €€€): wochentags französisches Preisknüller-Mittagsbuffet mit Leckereien aus Huhn, Ente, Lamm, Schweinefleisch (7 Euro), abends romantisches Dinner. Der Ort zum Weintrinken (z. B. Gewürztraminer). Tgl. | Street 102 | Tel. 023 99 08 80 | €€–€€€

THE TAMARIND (U E4) (m e4)
Beliebtes Bar-Lokal in einer schönen, schattigen Allee: Man speist auf drei Etagen orientalische und mexikanische Klassiker, aber auch Pizza, Pasta und Asiatisches sind zu haben. Besonders stimmungsvoll ist es abends auf der ☼ Dachterrasse. Große Weinkarte. Happy Hour 15–19 Uhr. 31 Street 240, südwestlich der Silberpagode | Tel. 012 83 01 39 | €

EINKAUFEN

Viele Boutiquen, Souvenirläden, Lokale, Bars und Spas finden Sie beispielsweise unter schattigen Tamarinden auf der ruhigen Street 240 (südlich der Silberpagode) sowie in der Street 178 mit Galerien und Kunsthandwerksläden.

FRIENDS@240 (U E4) (m e4)
Der Laden (und Schneider) für den guten Zweck: Modisch-trendige Kleider, Streetwear und Accessoires für beiderlei Geschlechts werden von den Jugendlichen in der Mith-Samlanh-Werkstatt hergestellt, sie liefern auch Maßgeschneidertes. Tgl. 10–18.30 Uhr | Nr. 32 Street 240, gegenüber Royal Palace | www.friends-international.org

PHSAR THMAY (THMEI) (CENTRAL MARKET) (U D3) (m d3)
Der riesige ockergelbe Markt ragt seit den 1930er-Jahren wie ein Raumschiff in Art-déco-Verkleidung aus der Mitte

www.marcopolo.de/kambodscha

PHNOM PENH & DIE KÜSTE

Phnom Penhs: In den vier Gebäude-flügeln dürfen Sie das Handeln nicht ver-gessen, egal, ob Sie vor den Bergen aus Obst oder frittierten Taranteln die Qual der Wahl plagt, ob Juweliere Sie unter der gigantischen Kuppel beschummeln wollen oder Sie nur Woks, Seide und Souvenirs (z. B. die typischen ● Krama-Schals) suchen. Einfach durchs Labyrinth treiben lassen. *Tgl. etwa 7–17 Uhr | am südlichen Ende der Street 61*

PHSAR TUOL TOM PONG
(U C6) (*㎝ c6*)
Der überschaubare *Russenmarkt* ist eine wahre Fundgrube. Wenn Sie sich an den Bergen von Reifen, Werkzeug und Stoßdämpfern vorbeigearbeitet haben, können Sie hier alles Mögliche in un-aufdringlicher Atmosphäre erstehen: Buddhas und Apsaras in jeder Größe, Echtes und Fakes wie Antiquitäten und Markenimitate, Seidenschals, Porzellan, Kunsthandwerk, CDs und jede Menge Schnickschnack. *Tgl. 5–17 Uhr | Street 446 Ecke Street 155 im Süden der Stadt (Osteingang)*

INSIDER TIPP TUOL SLENG SHOES (T & T SHOES SHOP) (U C6) (*㎝ c6*)
Pumps, Slippers und Sandalen – nichts Edles für hohe Ansprüche, aber aus Echtleder handgefertigt. Frauenschuhe bekommen Sie ab etwa 20 Euro. *Tgl. 7–19 Uhr | Street 143, in der Nähe von Tuol Sleng*
In der Nähe gibt's noch *Beautiful Shows*, einen weiteren Schumacher-Familien-betrieb.

AUSFLÜGE

KHMER ARCHITECTURE TOURS ●
Cyclo-Touren zu den 1960er-Jahre-Ge-bäuden im Stil der europäischen Nach-kriegsmoderne (meist vom berühmten

Architekten Vann Molyvann, Schüler von Le Corbusier), etwa Olympiastadion, Universität, Kinos und Villen, die heute teils als Boutiquehotels geführt werden. *Dreistündige Gruppentouren in Englisch: ca. 9 Euro p. P., Privattouren: ca. 36 Euro / Tel. 092 87 00 05 | www.ka-tours.org*

MONSOON TOURS
Eines der ältesten Reisebüros des Landes (unter deutscher Leitung) ist spezialisiert auf Mekongtouren (mit Delphinbeob-achtung, *s. S. 90*), Birdwatching, aber auch landesweite Touren. Es gibt auch

LOW BUDG€T

▶ Ab 4 Euro können Sie in Kep **(132 C6)** (*㎝ G6*) im *Kep Seaside Guesthouse* in Hängematten baumeln und den Sonnenuntergang genießen, auch von einigen Balkonzimmern (Nr. 20). Guter Service zum Spottpreis. *26 Zi. | N 33 nach Kampot (neben dem Knai Bang Chatt) | Tel. 012 68 42 41 | www.kep-cambodia.com/mainpages/PlacesinKep/kep-seaside.html*

▶ Eine Stunde Khmer- bzw. Thai-Mas-sage (im Pyjama) oder Ölmassage kostet bei *Sawadee* (im Goldie Bou-tique Guesthouse) **(U D5)** (*㎝ d5*) in Phnom Penh ab 6 Euro. *9–23 Uhr | Street 57 | Tel. 023 99 66 70*

▶ *Monkey Republic* ist *der* Treff-punkt für jugendliche Reisende mit knapper Kasse und großem Infor-mationsbedürfnis in Sihanoukville **(132 B5)** (*㎝ F6*): Die Bambus-Bun-galows im Dschungelgarten gibt's ab 5 Euro (*26 Zi. | Tel. 012 49 02 90*) – rechtzeitig reservieren!

PHNOM PENH

ein Büro in Siem Reap. *27 Street 351 | Sangkat Boeng Kak 1 | Tuol Kork | Tel. 023 96 96 16, Tel. in Potsdam: 03320 82 04 04 | www.monsoon-tours.com*

SUNSETCRUISE AUF DEM MEKONG ★
(U D–E 2–3) (d–e 2–3)

Wenn die Sonne rotgolden hinter dem Königspalast versinkt, kann jeder zuschauen – sozusagen in der ersten Reihe – von den Sunsetcruise-Booten auf dem Tonle Sap und dem Mekong. Bei Khmer-Pop, Hip-Hop oder ganz romantisch bei Champagner und Kanapees – für jede Geldbörse ist der passende Törn dabei. Ganze Bootscharter gibt's schon ab 7–15 Euro pro Stunde und Boot (je nach Ausstattung und Größe); die Boote liegen zwischen Street 144 und Street 130 sowie am Passagierhafen nahe Street 104, z. B. der *Kanika-Katamaran (www.camentours.com)* oder das wunderschöne, pagodenartige *Raffles-Boot (17–19 Uhr | Letzteres bei sechs Fahrgästen ca. 52 Euro p. P. | Street 136 | Tel. 012 84 88 02).*

AM ABEND

Wenn Sie vom Trubel am Sisowath Quay genug haben: Viele Bars und Lokale liegen in der schönen, kleinen Street 240. Wenn mehr los sein darf, gehen Sie in der neuen Traveller-Ecke rund um die Streets 278 und 57 *(Boeung Keng Kang, BKK, südlich des Independence Monuments)* sowie in die Bars auf der Street 130, 136 und 104.

INSIDER TIPP ▶ CHINESE HOUSE
(U D1) (d1)

Lounge-Bar und Galerie in einer prächtigen Villa von 1904: ein Mix aus französischer Fassade und chinesischem Shophouse-Interieur – einer der wenigen originalen Kolonialbauten in Phnom Penh! Bei relaxter Atmosphäre genießen Sie asiatische Snacks und Cocktails an der Theke, in Sofas oder Liegeecken auf der Veranda. *Di–So ab 18 Uhr | 45 Sisowath Quay, im Norden nahe Containerhafen | www.chinesehouse.asia*

Beste Tageszeit für romantische Rivercruises: der tropische Sonnenuntergang

PHNOM PENH & DIE KÜSTE

INSIDER TIPP ▶ CHOW ✄ (U E3) (*◻ e3*)
Trendy-luftige Dachbar mit Blick aufs nächtliche Flusstreiben vom sechsten Stock, Chill-out-Kuschel-Ecken und Jacuzzi, asiatische Fusion-Snacks, Happy-Hour-Biere *(18–20 Uhr)* für sage und schreibe 1 Euro; die 16 spacig-flauschigen Hotelzimmer *(€€–€€€)* sind zwar außergewöhnlich, aber leider am lauten Sisowath Quay bzw. ohne Fenster. *Im Hotel The Quay | 277 Sisowath Quay | www.thequayhotel.com*

ELEPHANT BAR (U C2) (*◻ c2*)
Die berühmteste Bar Kambodschas: gemütliches Ambiente bei Pianobegleitung oder Jazz und überraschend preiswerten Cocktails *(halber Preis zur Happy Hour 16–20 Uhr)*. Billard, jeden Donnerstag in der Trockenzeit BBQ im Garten, freitags üppiges Seafoodbuffet (inkl. Hummer, Austern usw. für 20 Euro). *Di–So ab 18 Uhr | im Raffles Hotel Le Royal (s. Übernachten)*

PONTOON LOUNGE (U E3) (*◻ e3*)
Auf dem schwimmenden Tanzschiff (das 2008 mal gesunken ist) trifft sich eine bunte Schar aus Einheimischen, Expats und Touristen zu Happy Hour *(17–20 Uhr)* und Schwofen auf dem Fluss *(So Salsa)*. Unzählige Cocktails, internationale DJs, guter Musikmix – und so fest verankert, schwört der Betreiber, dass eine Herde Elefanten darauf Pogo tanzen könnte. *Sisowath Quay, Höhe Street 108*

SCHATTENFIGURENTHEATER SOUVANNA PHUM THEATRE
(U 0) (*◻ 0*)
Unter den Roten Khmer wurden viele Künstler, Tänzer und Musiker ermordet. Am Wochenende werden hier im Souvanna Phum Theater die alten Traditionen wieder lebendig: Schattenfiguren, Khmer-Tanz und Akrobatik, begleitet von den typischen Klängen der Khmer-Flöte *Sro lai* und dem Xylophone *Ro niet*. Beim *Sbeik thom* erzählen bis zu 2 m große starre Figuren üblicherweise die Ramayana-Legende, beim *Sbeik touch* spielen kleinere, bewegliche Puppen Alltagsszenen (in ländlichen Gebieten oft noch zur Aufklärung gegen Malaria oder Aids). Außerdem können Sie Masken, Puppen und CDs kaufen. *Fr und Sa 19.30 Uhr | Eintritt: 3,50 Euro | 166 Street 99 | www.shadow-puppets.org*

SHARKY'S (U D3) (*◻ d3*)
Live-Konzerte, Luftgitarren-Wettbewerbe, Parties: Bei Sharky´s ist immer was los – in der angeblich „longest running Rock´n Roll-Bar in Indochina" (seit 1995)! Fakt ist: Die Drinks sind gut gekühlt, die Speisekarte riesig (von Burger über Steaks bis Burritos und Thai-Food), die Musik von Funk über Soul bis Punk (Live-Musik am Wochenende), die Gästeschar gemischt, auch viele Khmer-(Viet-)Mädels. Die sind allerdings nicht immer ganz „echt" – auch „ladyboys" sind darunter. *Tgl. ab 17 Uhr | 126 Street 130, 500 m östlich vom Central Market, 1. Stock | www.sharkysofcambodia.com*

ÜBERNACHTEN

ALMOND (U E5) (*◻ e5*)
Gemütliches Businesshotel der Mittelklasse, ruhig, etwas abseits des Touristentrubels gelegen, gut ausgestattete Zimmer (Sat.-TV, Safe, Minibar, teils Balkon). *45 Zi. | 128 F Sotheros Blvd. im Süden | Tel. 023 22 08 22 | www.almondhotel.com.kh | €€*

INSIDER TIPP ▶ BLUE LIME
(U D3–4) (*◻ d3–4*)
Eine Oase hinter hohen Mauern: zentrales Boutiquehotel (rechtzeitig reservieren!) mit Bett und Sofa im Waschbeton-

PHNOM PENH

Schick (Sat.-TV, teils Balkone, Zimmer Nr. 8 mit großem Eckbalkon), ruhiger Pool mit Liegepavillons. *45 Zi. | 42 Street 19z, Gasse westlich der Street 19 | Tel. 023 22 22 60 | www.bluelime.asia | €€*

CAMBODIANA (U F4) (🛍 f4)
Klassiker aus den 1960ern, etwas in die Jahre gekommen. Überzeugt aber noch immer mit bester Lage am Zusammenfluss von Mekong und Tonle Sap und toller Aussicht, Pool und Fitnesscenter. Idyllische Speisepavillons über dem Fluss *(ab 16 Uhr | €–€€)*, *Qba*-Nightclub mit Live-Bands *(ab 20 Uhr)*. *300 Zi. | 313 Sisowath Quay | Tel. 023 21 81 89 | www.hotelcambodiana.com.kh | €€–€€€*

INSIDER TIPP CYCLO (U D3) (🛍 d3)
Minihotel mit unterschiedlichen Zimmern auf drei Etagen, teils mit Balkon (Suite Nr. 2 ist zweistöckig), am schönsten sind das riesige helle Eckzimmer Nr. 10 (mit Kronleuchter) und Nr. 6, das mit einer eigenen Dachterrasse aufwarten kann! Billard, angenehmes Lokal mit belgisch-französischer Küche *(€–€€)*. *10 Zi. | Street 172 Ecke Street 23 | Tel. 023 99 21 28 | cyclo.hotel@gmail.com | €–€€*

GOLDIE BOUTIQUE GUESTHOUSE (U D5) (🛍 d5)
Familiär, freundlich und mitten im angesagten Travellerbezirk *Boeung Keng Kang (BKK)*: teils Balkonzimmer (Sat.-TV, Minibar), kleine Bäder, nett dekoriert. *15 Zi. | 6 Street 57 | Tel. 023 99 66 70 | www.goldieguesthouse.com | €*

KABIKI (U E4) (🛍 e4)
Die schöne Herberge ist leider oft voll: enge, gut ausgestattete Reihenzimmer mit privatem Vorgarten zwischen Zwergpalmen. Salzwasser-Pool (sonntags viele Kinder). Um die Ecke liegt das ebenfalls sehr schöne *Hotel Pavilion* in einer 1920er-Villa desselben Besitzers *(www.thepavilion.asia | €€)*. *11 Zi. | 22 Street 264, nahe Wat Bodum | Tel. 023 22 22 90 | www.thekabiki.com | €€*

RAFFLES LE ROYAL ⭐ (U C2) (🛍 c2)
Legendäre Herberge mit nicht minder berühmten einstigen Gästen, wie Somerset Maugham und Jacqueline Kennedy:

Kolonialen Glanz und eine illustre Gästeliste bietet das „königliche" Raffles

www.marcopolo.de/kambodscha

PHNOM PENH & DIE KÜSTE

Buchen Sie die Landmark-Balkon-Zimmer im originalen Kolonialbau von 1929, wo Art déco auf Khmer-Deko trifft und die Badewanne auf Löwenpranken thront. Die beiden 25-m-Pools zwischen den drei (nachgebauten) Flügeln sind die reinste Oase! Angebote in der Nebensaison. *170 Zi. | 92 Rukhak Vithei Daun Penh, nahe Wat Phnom | Tel. 023 98 18 88 | phnompenh.raffles.com | €€€*

SUNWAY (U D2) (m d2)
Bei Reisegruppen beliebtes Hotel der gehobenen Klasse mit gemütlich-eleganten Zimmern, teils Riesenterrassen, Appartements mit Küche, sehr gutes mediterranes Restaurant *(€€)*, Spa. *138 Zi. | Street 92, am Wat Phnom | Tel. 023 43 03 33 | www.sunwayhotels.com | €€–€€€*

ZIEL IN DER UMGEBUNG

KILLING FIELDS (CHOEUNG EK) ●
(133 D4) (m H5)
Der Ort ist nationale Gedenkstätte und makabre Touristenattraktion zugleich. Als erstes sollten Sie das Museum mit Fotos der Opfer und einem Film über die Pol-Pot-Ära besuchen (auf dem Areal gleich rechts). Aus dem Boden der Killing Fields über den Massengräbern schauen manchmal noch Stofffetzen hervor. Unter dem Dach des pagodenartigen Turmhäuschens stapeln sich unzählige Totenschädel, die den Besucher aus leeren Augenhöhlen anstarren. Auf den Feldern nahe Phnom Penh erschlugen die radikalen Steinzeit-Kommunisten 1975–79 mehr als 10 000 Menschen. Während der fast vierjährigen Schreckensherrschaft unter Pol Pot sind insgesamt etwa 1,5 Mio. Kambodschaner umgekommen. *Tgl. 8–17 Uhr | Eintritt ca. 4 Euro inkl. deutschsprachigem Audioguide | etwa 15 km südlich von Phnom Penh | www.cekillingfield.com*

Killing Fields: Erinnerung an vier Jahre des Schreckens

SIHANOUK-VILLE

(132 B5) (m F6) **Sihanoukville (ca. 160 000 Ew.) hat sich im vergangenen Jahrzehnt von einer provinziellen Hafenstadt zum trubeligen Badeort gemausert, an dem keine Wünsche unerfüllt bleiben: Tattoos, Happy-Hour-Cocktails, Go-go-Bars und Lagerfeuer-Strandpartys für die westliche Traveller-Schar, Kasino und Karaoke für die asiatischen Gäste.**

Der Badeort (auch: *Kampong Som*, unter Insidern: *Snook*) ist eine Multikulti-Hochburg der Aussteiger, Abenteurer und Geschäftsleute aus aller Herren Länder. Die sieben Strände auf der Halbinsel könnten genauso gut auf Mallorca liegen – wären da nicht die Strandhändlerinnen mit ihren Schultertragen voller verlockend-

48 | 49

SIHANOUKVILLE

exotischem Obst und am Wochenende die Invasion der Khmer-Touristen beim Badespaß in voller Montur.

ESSEN & TRINKEN

Sihanoukville hat auf relativ kleinem Raum die größte Restaurantdichte und gastronomische Vielfalt in Kambodscha – zu Preisen, die kaum der Rede wert sind. Die schier endlos aneinandergereihten Strandlokale am *Ochheuteal Beach* versorgen die Gäste jede Nacht bei Kerzenschein mit Meeresfrüchte-BBQ *(ca. 2–3 Euro)*.

CINDERELLA CAFÉ

Entspannte, gediegene Atmosphäre beim Stuttgarter Rainer, der auf ☺ wiederverwendbare Strohhalme und Löffel aus Bambus Wert legt: Gulasch und Geschnetzeltes, Salate und Spaghetti, beste Lavazza-Kaffees und Cocktails. Abends manchmal Konzerte mit Gitarre und Flöte. Außerdem zwölf hübsche Gästezimmer *(Cinderella Golden Lodge | €–€€)*. Rainer vermietet auch INSIDER TIPP sechs spartanische Hütten (Generator-Strom 18–23 Uhr) am herrlich einsamen *Otres Beach (ca. 5 km entfernt von Sihanoukville | €)*. *Tgl. | Serendipity Beach Road, 50 m vom Löwen-Denkmal im Kreisverkehr | Tel. (Restaurant) 092 61 20 35 | www. cinderella-cambodia.com | €–€€*

MARCO POLO

In dem rustikalen Garten- und Verandalokal gibt's die besten Salate, Pasta, *pizza e vino* und andere italienische Klassiker. *Tgl. | an der Straße zum Sokha Beach, ca. 100 m westlich der Löwenstatue am Kreisverkehr | Tel. 092 92 08 66 | €–€€*

TREASURE ISLAND

Das an der äußersten Westspitze gelegene, idyllische Seafood-Strandlokal zieht vor allem einheimische Gäste in die Pavillons und an die Tische im Sand: Hier bekommen Sie leckeren Tintenfisch in schwarzem Pfeffer, Garnelensuppe, Bratnudeln und Steaks – alles „Hongkongstyle" und in drei Portionsgrößen. Mückenschutz mitnehmen! *Tgl. | Straße zwischen Independence Beach und Hawaii Beach | Tel. 012 83 05 05 | €*

Tummelplatz der internationalen Traveller-Community: Ochheuteal Beach

PHNOM PENH & DIE KÜSTE

SNAKE HOUSE
Originelles Restaurant mit Mini-Zoo und Krokodilfarm *(Eintritt, wenn man nicht im Gartenlokal speist, 2 Euro)*, in dem es zwischen Kroks, Giftschlangen, Geckos, Spinnen und anderem (keine Sorge: alles in Terrarien) Internationales und russische Spezialitäten gibt. Auch einige Bungalows *(€–€€). Tgl. | oberhalb des Victory Beach auf dem gleichnamigen Hügel | Tel. 012 67 38 05 | €*

FREIZEIT & SPORT

INSELHOPPING (132 B5–6) (*m E–F6*)
Beliebte Tagesausflüge führen nach *Koh Russei (Bamboo Island, 45 Min.)*, wo jedoch mittlerweile Massenandrang herrscht mit liebloser Picknick-Verkostung vor Toilettenhäuschen an dem nicht ganz so sauberen 200-m-Strand (es gibt zehn übertreuerte Hütten der einfachsten Art mit Hocktoilette, Strom 18–23 Uhr, *€*). Weiter entfernt liegen *Koh Dek Koul* (Miniinsel mit kitschig-russischem Mega-Luxus-Resort, *www.miraxresort.com | €€€*) und INSIDER TIPP *Koh Rong Samloem (ca. 2 Std.)* mit mehreren einsamen Stränden, Leuchtturm und simplen Bungalowanlagen *(www.lazybeachcambodia.com, www.ecoseadive.com und www.kohrongsamloem.com (M´Pay Bay Bungalows) | alle €)* und das abgelegene, nur von Soldaten bewohnte *Koh Tan (4–5 Std.)*. Weitere spartanische Hippie-Robinson-Hütten gibt es auch auf *Koh Rong*, der neue Traumstrand, zu dem alle derzeit wollen *(2 Std. per Boot, nicht mit Koh Rong Samloem zu verwechseln)*. Man baumelt in der Hängematte, während sich die Sonne über dem Meer verabschiedet. *Die Bootstouren kosten ab ca. 6 Euro p. P. je nach Entfernung*
Wer etwas stilvoller (und sicherer) ● Inselhüpfen und schnorcheln möchte, kann dies mit *Sun Tours* machen, dem dreistöckigen Ausflugsboot mit Sonnendeck und sieben Doppelkabinen, auf dem Koch Robert seine Gäste verwöhnt. Auch Dinner-Cruises, mehrtägige Touren mit Tauchen und Fischfang. *(Tagesausflug Koh Rong Samloem ca. 21 Euro p. P. | www.suntours-cambodia.com)*, oder über *Local Adventures* in Phnom Penh: *Tel. 023 990460*.

INSIDER TIPP **KOH TA KIEV**
(132 B5) (*m F6*)
Während sich alles auf dem gegenüberliegenden Bamboo Island bei superbilligen Tagesausflügen drängt, sind das nur zehn Bootsminuten entfernte Koh Ta Kiev Resort und sein 1 km langer, schmaler Strand unter Palmen und Kasuarinen menschenleer. Robinsons wohnen in bescheidenen, aber liebevoll gestalteten Bambus-Stelzenhütten mit Hängematte und Sitzkissen auf der Veranda. Terrassenlokal mit typischen einheimischen Gerichten *(€)*. Kajaking, Sauna, Fischen *5 Zi. | in der Regenzeit geschl. | Tel. 011 70 87 95 und 068 33 38 87*.

SIHANOUKVILLE

Als abenteuerliche Ausweich-Alternative empfiehlt sich das Ten 103 Treehouse Bay (ehemals Jonty´s Jungle Camp): Armee-Hängematten mit Moskitonetz und Regenplane. Vergessen Sie nicht, Ihre Stirnlampe, ein Moskito-Killerspray und Oropax gegen das nächtlich-tierische Crescendo mitzunehmen. Dafür brüllen hier nicht einmal Generatoren. In den Bäumen verstecken sich drei offene Baumhäuser – und der Clou: die Eukalyptus-Dampfsauna neben dem solar-betriebenen Klo- und Duschhäuschen *(Koh Ta Kiev | Tel. 017 66 20 15 oder über Matthew im Ocean Walk Inn in Sihanoukville | www. ten103.com | €).*

Übrigens: Koh Ta Kiev ist für 99 Jahre fest in französisch-malaiischer Investorenhand, und das heißt in nicht allzu ferner Zukunft: „Öko"-Bettenburgen mit Marina und Golfplatz. Robinsons sollten sich also beeilen ...

TAUCHEN

Tauchkurse, Scuba-Trips und Schnorchelausflüge bietet der Dive Shop Cambodia zu 25 verschiedenen Tauchorten und Inseln, Open-water-Padi-Kurse und Nachttauchgänge unter deutsch-türkischer Leitung, beste Zeit: Nov.–März. *An der Straße zum Serendipity Beach, neben Monkey Republic | Tel. 034 93 36 63 und 034 93 36 64 | www.diveshopcambodia.com*

BÜCHER & FILME

▶ **Die Kinder der Killing Fields** – Das Buch des Spiegel-Korrespondenen Erich Follath handelt auch davon, wie Kambodscha sich „vom Terrorland zum Touristenparadies" gemausert hat

▶ **Das Schweigen der Unschuld** – Somaly Mam schildert ihren eigenen Weg aus der Kinderprostitution und ihren Kampf gegen die Sexmafia als Präsidentin der „Afesip"-Organisation

▶ **Wohin Du auch gehst** – Benjamin Prüfers „fast unmögliche Liebe" zu der HIV-positiven Prostituierten Sreykeo und seine liebevoll-irritierten Beobachtungen aus Kambodscha wurden 2009 verfilmt („Same Same but different", Regie: Detlev Buck)

▶ **The Killing Fields (Schreiendes Land)** – Mit drei Oscars ausgezeichneter Film über die letzten Tage vor dem Fall

Phnom Penhs an die Roten Khmer aus der Sicht des US-Journalisten Sidney Schanberg und seines Assistenten Dith Pran – mit John Malkovich in seinem Kinodebüt (USA 1984, Regie: Roland Joffé)

▶ **City of Ghosts** – Der Bokor-Nationalpark diente mit seiner geisterhaften Atmosphäre als Kulisse in dem düster-gewalttätigen Thriller mit Matt Dillon, James Caan und Gérard Depardieu (USA 2002, Regie: Matt Dillon). Realität und Fiktion treffen hier übrigens auf unheimliche, leider typisch kambodschanische Weise zusammen: Bei einer realen 1000-Mann-Party im Bokor-Kasino 2006 starben zwei Sicherheitsbeamte

▶ **Tomb Raider** – Schlüsselszenen dieses Actionfilms mit Angelina Jolie in der Rolle der fantastischen Lara Croft (USA 2001, Regie: Simon West) wurden in der Tempelruine Ta Prohm gedreht

www.marcopolo.de/kambodscha

PHNOM PENH & DIE KÜSTE

STRÄNDE

Sie haben die Wahl zwischen sieben unterschiedlichen Stränden (von Norden nach Süden):

VICTORY BEACH UND HAWAII BEACH
Zwei kleine Sonnenuntergangsstrände, wegen ihrer Nähe zum Hafen bzw. Hotel-Hafen-Bauprojekten wenig attraktiv, eher badende Einheimische.

INDEPENDENCE BEACH UND SOKHA BEACH
Von gleichnamigen Luxushotels besetzt und teilgesperrt, je 1 km lange, breite und (meist) einsame Strände mit Kasuarinen – am etwas felsigen Independence Beach trotten tatsächlich noch einige Zeburinder über den Strand. *Beide ca. 1 km entfernt*

SERENDIPITY BEACH UND OCHHEUTEAL BEACH
Die beiden Strände gehen im Grunde nahtlos ineinander über, zusammen sind sie ca. 5 km lang. Wer Urlaubertrubel mit Seafood-Lokalen und Volleyball-Match, Sonnenschirmen und hölzernen Liege-Plattformen, fliegenden Händlern, Maniküre und Masseurinnen, (organisiert) bettelnden Kindern, Banana Boats und Jetskis sucht, ist hier genau richtig. Am 500 m langen Serendipity Beach findet man die einzigen Bungalows direkt am Strand.

OTRES BEACH
Etwa 3 km langer Strand unter Kasuarinen, der bis Mitte 2010 sehr einfache Wellblech-Schlafsäle und Öko-Unterkünfte hatte und dann geräumt bzw. plattgewalzt wurde. Jetzt sind hier nur noch ein oder zwei Resorts zu finden, etwa die genannten Cinderella Bungalows. *Ca. 3 km südöstlich von Sihanoukville*

AM ABEND

AIRPORT
Man packe eine ausgemusterte Antonov auf einen Truck und baue eine Halle drumherum – fertig ist die originelle, schräge Airport-Disko (Techno, House) mit Restaurant *(€)* und Beach Bar. *Tgl. ab 21 Uhr | Victory Beach*

Himmlische Einsamkeit am Sokha Beach

KINO TOP CAT ●
Gezeigt werden oft anspruchsvolle Filme und Dokumentationen (z. B. *Killing Fields*), die man klimatisiert, mit Eiscream und Popcorn bei Dolby Surround in bequemen Sesseln erleben kann. Außerdem gibt es ein Open-Air-Cinema an der Straße auf den Victory Hill. *Tgl. 16–22 Uhr, mehrere Vorführungen | 2 Euro | an der Straße zum Serendipity Beach, gegenüber Monkey Republic*

ÜBERNACHTEN

INSIDER TIPP COOLABAH RESORT
Schicke, moderne Zimmer (Sat.-TV, Safe, Minibar), alles blitzeblank, vor allem die gläsernen Sitzduschen sind der Hit. *11*

52 | 53

SIHANOUKVILLE

Zi. | an der Straße zum Ochheuteal Beach, ca. 300 m vom Strand | Tel. 017 67 82 18 | www.coolabah-hotel.com | €€

INDEPENDENCE HOTEL 🌿
Herrlich restauriertes, abgelegenes Strandhotel: Früher Treffpunkt des Jetsets beherbergt das Hochhaus-Hotel heute seine Gäste auf sieben Etagen in eleganten Zimmern mit allem Komfort, Pool und tollstem Panorama. Ein Blick in die ● Lobby lohnt sich. Einsame Sunset-Bar am Privatstrand, Schnäppchen (40 Prozent!) in der Nebensaison. 52 Zi. | Independence Beach | Tel. 034 93 43 00 | www.independencehotel.net | €€€

NEW SEA VIEW VILLA & RESTAURANT
Sehr schöne helle, teils riesige, liebevoll dekorierte Zimmer mit guten Matratzen. Massagen. Lebhaftes Lokal mit Riesenauswahl an leckeren Gerichten und jede Menge Torten, Eis und andere Süßigkeiten (So. geschl. | €). 15 Zi. | an der Straße zum Serendipity Beach, ca. 50 m vom Strand | Mobil 092 75 97 53 | www.sihanoukville-hotel.com | €–€€

REEF RESORT
komfortable Balkon-Zimmer auf zwei Etagen um den Pool im ruhigen Hof (Sat.-TV, DVD, Safe, Minibar). Mexikanisches Restaurant (€€) mit 37 verschiedenen Sorten Tequila! 14 Zi. | an der Straße zum Serendipity Beach, ca. 500 m vom Strand | Tel. 034 93 42 81 | www.reefresort.com.kh | €€

ZIELE IN DER UMGEBUNG

INSIDER TIPP ▶ KOH KONG
(132 A4) (*Ø* E5)
Die Stadt Koh Kong (auch: Dong Tong; ca. 50 000 Ew., 220 km nordwestlich von Sihanoukville gelegen) am Koh-Poi-Fluss mausert sich nach dem Bau der N 48 vom reinen Transitkaff auf dem Weg ins 10 km entfernte Thailand zum Ausweichort für alle, denen Sihanoukville zu trubelig ist. Ein bisher kaum genutztes Potenzial für den Öko-Tourismus: Koh Kong ist von weithin intakten Mangroven, Flüssen und Stränden eingerahmt, in der Ferne erheben sich die wilden, bis zu 1800 m hohen Cardamom Mountains, eine Art kambodschanischer Jurassic Park (mit dem angeblich zweitgrößten Dschungelgebiet auf dem südostasiatischen Festland nach Myanmar).

In der Umgebung stürzen Wasserfälle in die Tiefe, z. B. der 5 m hohe Ta Tai (20 km östlich), der Ko Por oder der Kbal Chhay. Ausflüge auf die gleichnamige Insel (Koh Kong: das landesweit größte, aber fast unbewohnte Eiland), Ökotreks und Jeeptouren in die Berge sowie Bootsfahrten ins Peam Krasaop Wildlife Sanctuary verheißen jede Menge Abenteuer in menschenleerer Wildnis.

Originell, besonders für Ruhesuchende, ist die 4 Rivers Floating Eco Lodge: eher ein schwimmendes luxuriöses Zelt-Hideaway auf einem Fluss mitten im Dschungel: Sie springen von der Terrasse gleich in Wasser, außer Natur-Ausflüge, Kajaking und Spa gibt´s nicht viel zu tun ... In der Regenzeit eher nicht zu empfehlen. (12 Zi. | Peam Krasaop, per Bootstransfer um 14 und 17 Uhr ab dem Dorf Tatai | Tel. in Phnom Penh 023 21 73 74 | www.ecolodges.asia | €€€).

Das Kasino und der Safari World Zoo an der Grenze ziehen die eher Vergnügungssüchtigen an (vor allem Thais). Das kleine Oase am nördlichen Stadtrand hält, was der Name verspricht: schlichte, familienfreundliche Bungalows (Sat.-TV, Kühlschrank) mit Veranda zum Pool (5 Zi. | Smach Mean Chey | Tel. 092 22 83 42 | oasisresort.netkhmer.com | €). Mit Meeresfrüchten, Fruchtshakes und gekühltem Bier verpflegt die rustikale

www.marcopolo.de/kambodscha

PHNOM PENH & DIE KÜSTE

Baracuda Beach Bar mit angeschlossener PADI-Tauchschule ihre Gäste *(Koh Yor Beach | Tel. 017 50 27 84 | €)*. Stadtbekannt ist das *Otto's* in Koh Kong City *(www.koh-kong.com | €)*.

REAM-NATIONALPARK
(132 B5) (*F6*)

Im Ream-Nationalpark (auch: *Preah Sihanouk*; 210 km²) geht es per Trekking und Bootstouren auf dem Preak-Reak-Fluss in den Dschungel und zum *Andoung-Tuek-Wasserfall,* durch ökologisch wichtige Mangroven mit seltenen gefiederten Bewohnern (z. B. Fischacler, Störche, Eisvögel), an Strände und in Fischerdörfer. Möglich sind auch Schnorcheltouren aufs Meer zu den Delphinen und zu den abgelegenen Inseln *Koh Thmei* und *Koh Ses (ca. 3 Std. entfernt). 7–17 Uhr | 18 km östlich von Sihanoukville an der N 4 | NP-Büro mit englischsprachigen Rangern | Tel. 012 87 50 96 | vierstündiger Bootscharter ca. 33 Euro, organisierte Halbtagestour von Sihanoukville aus 8–15 Euro p. P. (je nach Teilnehmerzahl); zweistündige Delphintouren ca. 15 Euro p. P., 7–9 und 15.30–17 Uhr Nov.–März*

Übernachtung möglich in spartanischen Hütten bei der *Dolphin Station (€)* oder im INSIDER TIPP *Koh Thmei Resort (7 Zi. | 60 Min. per Boot ab dem Dorf Koh Kchhang nach Koh Thmei | Mobil 097 73704 00 und 089 89 78 30 | www.koh-thmei-resort.com | €)* in rustikalen Öko-Stelzenhütten am langen Muschelstrand mit Korallenriff: Bei den deutschen Auswanderern Kavita und Michael wohnen Sie einfach, aber herzlich willkommen und familiär im bisher einzigen Insel-Resort, ausgestattet mit Solarstrom, Taschenlampe, Moskitonetz, Hängematten auf der Terrasse, Kaltwasserdusche und Ventilator. Man kann Ausflüge über die 40 km² große Insel unternehmen, seltene Vögel und Fledermäuse beobachten, im Lokal gibt´s vorwiegend Khmer-Speisen, Seafood und ein paar heimische Snacks sowie ab und zu Kuchen.

Ream National Park: Sehr einfach leben die Bewohner der Pfahlbauten am Preak-Reak-Fluss

54 | 55

ANGKOR & SIEM REAP

Vor mehr als tausend Jahren herrschten die Khmer-Könige (802–1431) in Angkor über 1 Mio. Untertanen und große Teile Südostasiens. Nach dem Niedergang des Imperiums der „Gottkönige" verschluckte der Dschungel allmählich die Bauwerke, die zu den großartigsten Meisterwerken und architektonischen Wundern Asiens, wenn nicht der Welt zählen.

Die Königsstadt Angkor ist zwar Weltkulturerbe der Unesco, jedoch alles andere als ein Museum: In dem Gelände leben und arbeiten rund 30 000 Menschen, vor den Buddhastatuen liegen Räucherstäbchen und kleine Gaben. Hochzeitsgesellschaften stellen sich vor Angkor Wat, dem größten Sakralbau der Welt, in Pose: Die Khmer-Braut in gold-glitzerndem Kostüm und mit Krönchen im hibiskusgeschmückten Haar könnte als Prinzessin aus dem Reich König Jayavarmans VII. auferstanden sein – wären da nicht die klobigen Plateauschuhe.

Mit der rasanten Zunahme der Touristen hat sich das 6 km entfernte Siem Reap von einem verschlafenen Marktflecken in ein trubeliges Touristenzentrum verwandelt – hier finden Angkor-Reisende die gesamte touristische Infrastruktur mit Hotels und Restaurants. Heute fast unvorstellbar: Ganz in der Nähe am Phnom Kulen und in der selten von Touristen besuchten Region um Battambang lag über Jahrzehnte die Hochburg der Roten Khmer. Nach Abzug der UN-Truppen fanden hier 1993–95 noch heftige Kämpfe statt. Bei Bootstouren erlebt man den schier endlosen Tonle-Sap-See mit sei-

Bild: Tempel Ta Prohm

Die sagenhafte Ruinenstadt Angkor ist das Wahrzeichen Kambodschas – und im Tonle-Sap-See schwimmen die Dörfer

nen Hausboot-Siedlungen und Stelzen-Hochhäusern. Eine Bootsfahrt endet in Battambang, der reizenden, zweitgrößten Stadt Kambodschas.

ANGKOR

DETAILKARTE AUF SEITE 134
(128 C3) *(ﬥ F2)* Im Morgengrauen fahren die Bus- und Tuktuk-Kolonnen von Siem Reap über eine 6 km lange Straße Richtung Angkor zum allseits beliebten Sonnenaufgang: **Wie Scherenschnitte erscheinen die Türme von Angkor Wat vor dem Nachthimmel.** Das 800 Jahre alte Hauptbauwerk der Ruinenstadt mit seinen fünf markanten Spitzen stellt den Berg Meru dar – Sitz der Götter aus dem hinduistischen Pantheon. Aus dem benachbarten Kloster schallt der monotone Sprechgesang, mit dem die Mönche aus dem *dharma*, der Lehre Buddhas, rezitieren. Auf dem rund 1000 km² großen Gebiet der historischen Stadt Angkor (in etwa die Größe Berlins)

ANGKOR

standen einst 600 Tempel! Heute sind noch rund 100 Tempelruinen erhalten. Neben *Angkor Wat*, dem berühmten Kloster, sind vor allem herausragend: *Angkor Thom* mit den riesigen Gesichtertürmen des Bayon, die von Mammutwurzeln der Urwaldriesen umklammerte *Ta-Prohm-Ruine* und die bezaubernden vor Ort gemacht), für drei Tage Eintritt ca. 28 Euro, wobei das Ticket eine Woche lang gültig ist, und für sieben Tage Eintritt (Gültigkeit: 1 Monat) ca. 42 Euro. Wer sein Ticket nach 17 Uhr kauft, kann gleich danach (ohne Kartenentwertung) mit den Massen zum Sonnenuntergangstrubel in die Tempelanlage strömen.

Mönchsanwärter vor alten Ruinen – der Buddhismus in Kambodscha ist sehr lebendig

Devatas von *Banteay Srei* (im Volksmund: *Apsaras*). Die unzähligen in Sandstein gehauenen Skulpturen und Reliefs erzählen den Werdegang von Vishnu, dem Hindugott und Welterhalter, und aus dem Khmer-Alltag. Die tanzenden Apsaras, die mythologischen Garudavögel, die Affen und Dämonen – unsterbliche Zeugen der einstigen Hochkultur der Khmer. Tickets für den Tempelkomplex sind im *Angkor Archeological Park* an den Ticketschaltern *(5–17.30 Uhr)* erhältlich. Die meisten Tempel liegen 6–12 km nördlich von Siem Reap und sind täglich von 5.30 Uhr bis zum Sonnenuntergang (spätestens 18 Uhr, dann werden die Tempel geschlossen) geöffnet. Eintritt kostet für einen Tag ca. 14 Euro (mit Passfoto, wird

Guides nehmen 15–20 Euro am Tag *(www.guideangkor.com)*. Wer es sehr genau wissen will: Johann Reinhart Zieger, pensionierter Lehrer, bietet fundierte Führungen *(Tel. 012 63 74 22 | www.angkorguide.de)*.

Zwei Rundwege führen an den Bauwerken vorbei: der *Petit Circuit*, 17 km, und der *Grand Circuit*, 26 km. Sie können diese Rundtouren am besten mit einem Drei-Tages-Ticket abfahren, zur Verfügung stehen Taxis *(ca. 15–18 Euro/Tag)*, Tuktuks *(ca. 7–11 Euro/Tag)*, Mofataxis *(ca. 5–7 Euro/Tag)* oder Fahrräder *(ca. 1,50 Euro/Tag | www.thewhitebicycles.org, geben ihre Einnahmen an Bedürftige und Sozialprojekte ab)*, teils mit kleinem Elektromotor *(ca. 3 Euro/Tag)* – alle

ANGKOR & SIEM REAP

Fahrzeuge können Sie in den Hotels innerhalb kürzester Zeit reservieren lassen. Elefantenritte sind möglich nahe dem Bayon-Tempel *(halbe Stunde: ca. 7 Euro)* oder zum allseits beliebten Sonnenuntergangstrubel auf dem *Phnom Bakheng (ca. 12 Euro nur hochreiten, rechtzeitig reservieren!)*.

Da die bei Tausenden Hobbyfotografen beliebten Orte für Sonnenaufgänge *(5.30–6.30 Uhr vor Angkor Wat)* und Sonnenuntergänge *(etwa 17.30/18 Uhr auf dem* ❄ *Phnom Bakheng und* ❄ *Angkor Wat)* zwischen November und März meist hoffnungslos überlaufen sind, hier einige noch ruhige Alternativen: Sehr früh morgens lohnen sich der *Bayon*, dessen mysteriöse Gesichter allmählich im Sonnenlicht erscheinen, oder der *Ta Prohm* und der ❄ *Phnom Bakheng*. Am Spätnachmittag und zum Sonnenuntergang können Sie als Alternative den ❄ *Phnom Bok (25 km östlich von Siem Reap)* oder den ❄ *Phnom Krom (12 km südlich von Siem Reap am Tonle-Sap-See, S. 82)* sowie den ❄ Tempelberg *Pre Rup (ca. 8 km nordöstlich von Angkor Wat)* oder das antike königliche Schwimmbad *Sras Srang (ca. 6 km nordöstlich von Angkor Wat bei Ta Prohm)* aufsuchen. Mittags sind kaum Reisegruppen in den Tempeln, ebenso in den regenreichen Monaten September und Oktober. Wer sich für von Baumwurzeln überwucherte Tempel mit Indiana-Jones-Flair interessiert, sollte außer *Ta Prohm* auch *Banteay Kdei* (12./13. Jh.) und *Ta Som* (12. Jh.) im Archäologischen Park besuchen. Kaum besuchte und noch überwucherte Tempel sind der außerhalb Angkors gelegene *Beng Mealea (60 km östlich | Eintritt 4 Euro)* und *Koh Ker (8 Euro | s. S. 102)*.

MARCO POLO HIGHLIGHTS

⭐ **Angkor Thom (Bayon)**
200 Sandstein-Gesichter, in denen das Lächeln der Khmer für die Ewigkeit bewahrt ist → S. 60

⭐ **Angkor Wat**
Kein Bauwerk in Angkor ist majestätischer als das berühmte Kloster von König Suryavarman II. → S. 61

⭐ **Ta Prohm**
Angkor geheimnisvoll-verwunschen: Ein ganzer Tempel im Würgegriff der Ficus-Bäume und Urwaldriesen → S. 63

⭐ **Helikopterflüge**
Mit dem Helikopter über Angkor – eine traumhafte Vogelperspektive → S. 65

⭐ **Banteay Srei**
Himmlisch-schön: die Devata-Göttinnen in der Nähe der Königsstadt Angkor verfolgen Besucher mit ihren Blicken → S. 65

⭐ **Phnom Kulen**
Wo noch bis Ende der 1990er die Roten Khmer herrschten, warten heute Buddha und Vishnu – beide entspannt liegend – auf Besuch → S. 66

⭐ **Preah Vihear**
Unesco-Tempel an der thailändischen Grenze mit spektakulärem Blick auf Kambodscha → S. 67

⭐ **Apsara-Theatre**
Tänze und Khmer-Speisen genießen, z. B. in Siem Reap → S. 79

⭐ **Raffles Grand Hotel d'Angkor**
Kolossal kolonial und ausgestattet mit allem Luxus → S. 81

⭐ **Tonle-Sap-See**
„Schwimmende" Dörfer und Flutwälder bei Siem Reap → S. 83

ANGKOR

Übrigens: Wer in einem Tempel von einem Mönch oder Tempeldiener einige Räucherstäbchen zum Gebet vor einer Buddha-Statue überreicht bekommt, sollte es entweder gleich freundlich lächelnd ablehnen oder sich mit den brennenden Stäbchen dreimal vor dem Schrein verbeugen – und natürlich eine kleine Riel-Spende geben.

SEHENSWERTES

ANGKOR THOM (BAYON) ★
DETAILKARTE AUF SEITE 135

Fünf Tore öffnen den Weg nach Angkor Thom, der 9 km² großen Stadt Jayavarmans VII. (1181 bis ca. 1220) – mit vermutlich bis zu 1 Mio. Ew. größer als jede europäische Stadt vor 800 Jahren. Zum meist besuchten Südtor *(2 km nördlich von Angkor Wat)* führt eine Brücke, die beidseits von 54 Göttern und 54 Dämonen flankiert wird, jeweils mit einer Nagaschlange in den Armen beim „Quirlen des Milchmeeres" (s. Angkor Wat). Auf dem Turm über dem Tor wachen vier monumentale Gesichter in jede Himmelsrichtung. Unübersehbar im Mittelpunkt der antiken Stadt erhebt sich auf drei ansteigenden Terrassen das buddhistische Heiligtum Bayon mit seinen einst 54 Türmen (37 noch erhalten) und rund 200 riesigen steinernen Gesichtern, die geheimnisvoll lächeln und

Götter und Dämonen wachen vor dem Südtor der riesigen Stadt Angkor Thom

www.marcopolo.de/kambodscha

ANGKOR & SIEM REAP

keinen Besucher auch nur für einen Wimpernschlag aus ihren Augen zu lassen scheinen. Kein Wunder, denn sie stellen Lokeshvara (auch: Avalokiteshvara) dar: einen Bodhisattva, der laut Mahayana-Buddhismus Gläubigen auf ihrem Weg ins Nirwana hilft, selbst aber auf die Erleuchtung als letzte Stufe verzichtet.

Auf zwei Ebenen führen quadratische Galeriegänge um den Tempel mit beinahe lebendig wirkenden Reliefszenen aus dem Alltag Angkors: Schlachten und Märkte, Zirkus und Musikanten, Männer beim Hahnenkampf etc. Auf der dritten Ebene wird der zentrale Turm von einem labyrinthischen Wirrwarr aus Gängen umgeben, mit kleinen dunklen Kammern, in denen kahl geschorene, weiß gekleidete Frauen bzw. Nonnen bei der Andacht hocken und Räucherstäbchen glimmen. Die ruhigste Zeit ist hier sehr früh morgens zum Sonnenaufgang und dann wieder spätnachmittags ab 16/17 Uhr, ideal zum Fotografieren ist eher die restliche Zeit.

Ein angenehmer, teils schattiger Spaziergang bringt Sie vom Bayon zum 200 m nördlich gelegenen *Baphuon* und den folgenden Ruinen. Den Baphuon ließ Udayadityavarman II. um 1060 errichten: Der Tempel- und Götterberg in fünfstufiger Pyramidenform brach schon bald wegen seiner schlechten Statik zusammen. Er ist noch immer ein gigantisches Puzzle aus Abertausenden Felsquadern und Sandsteinblöcken, das französische Archäologen seit 1908 bzw. erneut seit 1995 mit Computerprogrammen zusammensetzen, z. B. die zwei Tribünen *(Zugang 6–15 Uhr)* und das erst 2008 fertig restaurierte Relief eines etwa 70 m langen liegenden Buddhas an der Westfassade. Wandeln Sie weiter entlang der 350 m langen *Elefantenterrasse*, einer 2,5 m hohe Tribüne für Jayavarman VII. mit Elefantenpara-

de, Garudavögeln und Löwen – verewigt als lebensgroße Reliefs auf dem Fundament. Dahinter (westlich) erheben sich die Überreste des mehrstöckigen ☆ *Himmlischen Palasts (Phimeanakas)* mit Badebecken für die Konkubinen und die Männer. Einige Schritte weiter erreichen Sie die 25 m lange *Terrasse des Leprakönigs*, vermutlich benannt nach der hier aufgestellten Statue entweder von König Yasovarman I., der an Lepra starb, oder vom Todesgott Yama (Original im Nationalmuseum in Phnom Penh). Beachten Sie auch die fabelhaft erhaltenen **INSIDER TIPP** Halbreliefs aus dem 13. Jh., die sich unterhalb der Terrasse an der südlichen Innenwand verstecken: himmlische Apsara-Tänzerinnen, Dämonen und Nagas.

ANGKOR WAT ★ ●
DETAILKARTE AUF SEITE 134

König Suryavarman II. (ca. 1112–50), der Vishnu als höchste Gottheit verehrte, ließ das majestätische Bauwerk wahrscheinlich als Staatstempel in der ersten Hälfte des 12. Jhs. errichten, später diente es als Grabmal. Zu Angkor Wat hatten nur der König, Priester und Beamte sowie Bedienstete Zutritt – insgesamt vermutlich 20 000 Menschen. Das teils restaurierte Kloster symbolisiert mit perfekter Geometrie den Götterberg Meru und das hinduistische Universum, das jeder Besucher nach dem Eingangsportal durchschreitet: zuerst die Sandsteinbrücke über den 190 m breiten Graben (das „Urmeer"), dann der fast 500 m lange Damm mit siebenköpfigen Nagaschlangen als symbolische Brücke für die „irdischen" Besucher ins Heiligtum. Über die kreuzförmige Ehrenterrasse und durch ein Portal erreicht man die Galerien, die links und rechts um das Tempelzentrum herumführen: mit insgesamt 800 m das längste Flachrelief der Welt! Spazieren

60 | 61

ANGKOR

Sie (rechts) entlang von Szenen aus dem Alltag Angkors und aus der Sagenwelt des indischen Ramayana/Reamker und Mahabharata: ganze Heerscharen von legendären Affenwesen, von Generälen und Soldaten, Elefanten und Streitwagen in historischen Schlachten. Suryavarman II. ist in der Mitte der nächsten Galerie (Südseite) zu erkennen, geschützt von 15 Ehrenschirmen. Biegen Sie abermals um die Ecke, und Sie stehen im östlichen Galeriegang vor dem berühmtesten Relief: die Götter und Dämonen beim „Quirlen des Milchmeeres" – sie ziehen und drehen die schier endlose Nagaschlange Vasuki, um ein Elixier, das *amrita*, für die Unsterblichkeit zu gewinnen. Mit von der Partie: Affengeneral Hanuman, Kriegsgott Indra, ein fünfköpfiger Shiva und Vishnu in seiner Inkarnation als Schildkröte. Wenn Sie nun wieder fast am Anfang des Galerierundgangs an der westlichen Seite ankommen, können Sie die bekannteste Ramayana-Geschichte verfolgen, die Schlacht von Lanka: Rama kämpft auf den Schultern von Hanuman gegen den vielköpfigen Dämonenkönig Ravana, der Ramas Braut Sita entführt hat.

Über Innenhöfe und halsbrecherisch steile Treppen gelangt der Besucher auf der dritten Ebene zum geometrischen Mittelpunkt in 42 m luftiger Höhe mit atemberaubendem Panorama: den 60 m hohen ⧫ Zentralturm in Lotusknospen-Form. Der Wohnsitz der Götter – einst mit vergoldetem Vishnu – beherbergt heute eine Buddhastatue. Rund 1850 Apsaras wurden allein in Angkor Wat gezählt. *6 km nördlich von Siem Reap, unbedingt mehrmals zu unterschiedlichen Zeiten besuchen: ruhigste Besuchszeit bis 7.30 oder mittags 10.30–15 Uhr (überdachte Galerien), schönstes Licht am Nachmittag, beste Fotoposition für den Sonnenaufgang am nördlichen Becken (aber immer gut besucht)*

PHNOM BAKHENG (128 C3) (*ⓜ F2*)

Kein Sonnenuntergang in Angkor ohne den Phnom Bakheng (*1,3 km nordwestlich von Angkor Wat, 400 m südlich vom Angkor-Thom-Südtor*): Tausende Hobbyfotografen zieht es am späten Nachmittag auf den 67 m hohen Tempelberg (errichtet unter Yasovarman I., 889–910). Man könnte es auch die allabendliche „Sunset-Schlacht" nennen – 1994 traf man hier übrigens tatsächlich noch Soldaten mit Gewehr im Anschlag.

Die herrliche Aussicht von diesem ersten ⧫ Tempelberg in Angkor auf Angkor Wat und die anderen Bauwerke, die Reisfelder, Seen und Berge lohnt den steilen, 15-minütigen Aufstieg auch zu anderen Tageszeiten (z. B. von Sonnenaufgang bis 11 Uhr). Die Tempelruine erhebt sich in fünf Absätzen, eine Treppe führt hinauf, flankiert von Wächterlöwen und Türmchen. Ein Elefantenritt auf den Gipfel ist bei rechtzeitiger Reservierung möglich (*ca. 12–18 Euro*).

PREAH KHAN (128 C3) (*ⓜ G2*)

Der von Jayavarman VII. 1191 vollendete, weitläufige Tempel (*1 km nordöstlich vom Angkor-Thom-Nordtor, ca. 7 km nördlich von Angkor Wat*) beeindruckt mit seinen Türmen, Korridoren und Torbögen, den 72 riesigen Garuda-Wächtern aus Sandstein und feingliedrigen, anmutigen Apsaras. Dieses große Heiligtum war insgesamt 515 Gottheiten aus Hinduismus und Buddhismus gewidmet, hier fanden religiöse Feste und Ahnenkulte statt. Es diente als Klosterschule und antike Klinik, zeitweilig auch als Wohnsitz des Königs während der Bauarbeiten zu Angkor Thom. Nahe dem östlichen Eingang überrascht ein fast griechisch anmutender, zweistöckiger Pavillon mit für Angkor untypischen runden Säulen – vielleicht wurde hier das königliche Heilige Schwert aufbewahrt, nach dem der Tempel benannt

www.marcopolo.de/kambodscha

ANGKOR & SIEM REAP

ist. INSIDER TIPP Herrliches Fotomotiv in der Nähe des Osttors (hinten): Zwei Ficusbäume kreuzen sich auf einem Dach, das ihre Wurzeln fest umklammert. Beste Besuchszeit ist 12–14 Uhr.

Das *Visitor Center* vom World Monument Fund *(www.wmf.org)* nahe dem westlichen Haupteingang gibt einen guten Überblick über die Restaurierungsarbeiten seit 1991, wie etwa die hervorragende Rekonstruktion des „Feuerschrein"-Rasthauses.

TA KEO ✹ (128 C3) (*G2*)

Steil über schmale, hohe Stufen geht es auf diesen Tempelberg *(ca. 6 km nordöstlich von Angkor Wat)*, der Ende des 10. Jhs. von Jayavarman V. begonnen und wahrscheinlich nie vollendet wurde (die fünf massiven Prasat-Türme sind ohne jegliche dekorative Steinmetzkunst). Das Heiligtum ist zu Ehren Shivas errichtet worden, was an seinem Reittier (dem am Eingang knienden Bullen Nandi) und den phallusartigen, den Hindugott symbolisierenden *lingas* in den Türmen zu erkennen ist.

TA PROHM ★ (128 C3) (*G2*)

Von den Wurzeln der Kapok-Baumriesen und Würgefeigen überwuchert, gesprengt

Malerischste und fotogenste aller Ruinen im wild wuchernden Dschungels: Ta Prohm

und gleichzeitig zusammengehalten, herrscht zwischen den Trümmerbergen, Türmen und schiefen Türstürzen von Ta Prohm eine geradezu verwunschene Atmosphäre. Weil das 1186 von Jayavarman VII. erbaute Kloster *(ca. 7 km nordöstlich von Angkor Wat)* mit Absicht von der Restaurierung ausgeschlossen wurde (mit Ausnahme der Holzstege), ist dies heute einer der faszinierendsten und stimmungsvollsten Orte in Angkor und zeigt, wie vergänglich die Bauwerke sind. Hier können auch Sie sich wie Henri Mouhot, einer der ersten (Wieder-)Entdecker Angkors, fühlen oder wie Angelina Jolie im

62 | 63

ANGKOR

Actionfilm „Tomb Raider", von dem eine Schlüsselszene im Jahr 2000 hier gedreht wurde. Manche nennen ihn daher schon den „Angelina-Jolie-Tempel": Hollywood ließ seine Lara Croft per Fallschirm auf dem Phnom Bakheng landen und von echten Mönchen segnen, im Ta Prohm über (Styropor-)Balustraden hechten und setzte sogar Raketenwerfer vor den Ruinen in Szene. Man muss nur eine Lücke

schön und ruhig frühmorgens bei Sonnenaufgang bis ca. 7.30, mittags 13–14.30 Uhr.

ESSEN & TRINKEN

Vor allen bekannten Tempeln finden Sie Imbissstände und Souvenirhändler. Empfehlenswert ist das Lokal *Chez Sophea & Matthieu (€€–€€€)* vor Angkor Wat. Etwas preiswerter kann man im *Cafe*

Hier geht es meditativ ruhig zu: Banteay Kdei liegt abseits der Hauptpfade

zwischen den Reisegruppen abpassen (die südöstlich in der Nähe liegende INSIDER TIPP **Klosterruine Banteay Kdei** aus dem 12./13. Jh. wäre eine ähnlich faszinierende Ausweichmöglichkeit, oder Sie lauschen den behinderten Khmer-Musikanten am Eingang).

Ta Prohm ist ein buddhistischer Flachtempel, Wassergräben und quadratische Galerien umschließen ihn. Fast unvorstellbar angesichts des labyrinthischen Steinechaos in den Höfen: In dieser antiken Universität lebten einst rund 12 000 Menschen, darunter viele Mönche. *Besonders*

d'Angkor (vor Angkor Wat | €) und bei *Eat at Khmer (vor Angkor Wat und vor Sras Srang | €)* speisen.

TOUREN

INSIDER TIPP **HANUMAN TOURISM**

Wie wäre es mit einer Safaritour der ganz anderen Art? Nahe den abgelegenen Tempeln (z. B. *Preah Vihear*, S. 67, *Koh Ker*, S. 102/Tour 2) können Sie in komfortablen Buschzelten übernachten – möglich macht das eine der ältesten Reiseagenturen in Kambodscha. *12 Street*

www.marcopolo.de/kambodscha

ANGKOR & SIEM REAP

310 | Phnom Penh | Tel. 023 2183 96 |
www.hanumantourism.com

BESICHTIGUNG

HELIKOPTERFLÜGE ★
Die Ausmaße der gigantischen Tempelanlage sollten Sie sich einmal aus der Vogelperspektive ansehen: Ein achtminütiger Flug, d. h. nur Angkor Wat, kostet ca. 66 Euro, 14 Min. kosten 110 Euro, es geht auch wesentlich teurer zu abgelegenen Tempeln wie Preah Vihear. 658 Hup Guan St. | Siem Reap | Tel. 063 96 33 16 | www.helicopterscambodia.com

ZIELE IN DER UMGEBUNG

BANTEAY SREI ★ (129 D3) (ϻ F2)
Erst 1914 durch französische Wissenschaftler entdeckt, wird der kleine Tempel mit einigen der beeindruckendsten Steinmetzarbeiten Angkors heute von Reisegruppen regelrecht überrannt – viele Bereiche sind abgesperrt, um die Massen im wahrsten Sinn im Zaum zu halten und das Meisterwerk zu schützen. Das aus rötlichem Sandstein geschaffene Heiligtum (10. Jh.) bezaubert durch seine absolut perfekten, geradezu märchenhaft schönen und besonders plastisch wirkenden Reliefs – vor allem der Devatas in den Turmnischen, der wunderschönen weiblichen Gottheiten, die dem Besucher auf Schritt und Tritt mit ihren Blicken zu folgen scheinen. Beachten Sie auch über dem Eingang der südlichen *Bibliothek*, wie der vielarmige Dämonenkönig Ravana den Berg Kailash schüttelt, auf dem Shiva und Uma thronen. Besuchen Sie den Tempel unbedingt vor 7 Uhr – bevor ab 7.30 Uhr die Tourbusse kommen –, in der Mittagszeit (ab 14 Uhr schönstes Licht) oder spät-

VON APSARAS, LINGAS UND NAGAS

▶ **apsaras** – himmlische, nymphenhafte Tänzerinnen, oft auf Reliefs in Dreiergruppen
▶ **Bodhisattva** – „Erleuchtungswesen", das auf das Nirwana verzichtet, um den Menschen statt dessen zuvor auf ihrem Weg dorthin zu helfen
▶ **devarajas** – Gottkönige, die das Khmer-Imperium gründeten
▶ **dharma** – die Lehre Buddhas
▶ **devatas** – weibliche Gottheiten, oft oppulent geschmückte und aufrecht stehende Wächterinnen
▶ **gopura** – turmartiges Tor oder Pavillon als Tempeleingang
▶ **karma** – Schicksalsgesetz, nach dem gute Taten im Leben zur Belohnung im Leben nach der Wiedergeburt führen

▶ **linga** – Phallussymbol Shivas
▶ **Lokeshvara (Avalokiteshvara)** – „Herr der Welt", ein Bodhisattva
▶ **nagas** – uralte Gottheiten in Gestalt von Schlangen und Drachen, Schöpfer des Mekongs und vieler asiatischer Königreiche. Der Naga-King ist kobraförmig mit mehreren Köpfen, oft am Ende einer Treppe bzw. Balustrade
▶ **nirvana** – „Erlöschen" des Daseins am Ende des Kreislaufs der Wiedergeburten (und des Leidens), erreichbar durch die Erleuchtung
▶ **phnom** – Berg, Hügel
▶ **prasat** – Tempelturm
▶ **sanskrit** – alte indische Sprache
▶ **stung, tonle** – Fluss, See
▶ **wat** – buddhistisches Kloster

ANGKOR

nachmittags (16 Uhr). *(Tgl. 5–17 Uhr | Ca. 25 km nordöstlich von Angkor, ca. 35 km von Siem Reap)*. Der Besuch kann bei einem Tagesausflug mit folgenden Stätten kombiniert werden: *Kbal Spean (12 km nordwestlich)*, *Phnom Kulen* und gegebenenfalls dem *Minenmuseum* sowie bei sehr frühem Aufbruch eventuell mit *Beng Mealea*.

BANTEAY SREY BUTTERFLY-FARM ☺
(129 D3) *(ᗰ F2)*

Wer mal eine kunterbunte Abwechslung braucht, ist hier richtig, vor allem mit Kindern: Im tropischen Garten flattern unter einem Netz Tausende von Schmetterlingen, die es nur in Kambodscha gibt. Einer ist farbenprächtiger als der andere, ein Paradies für Hobbyfotografen. Die Guides erklären den Lebenszyklus: von der Raupe, die auf Raupenfarmen in der Region für den Export in Zoos gezüchtet werden, über die Verpuppung und dem Kochen der Kokons (zum Lösen des Fadens bei der Seidenherstellung) bis zum Schlüpfen der flatternden Schönheiten. Mit dem Projekt werden die umliegenden Gemeinden und Raupenfarmen unterstützt. *Tgl. 9–17 Uhr | Eintritt: Erw. 3 Euro, Kinder 1,50 Euro | 25 km nördlich von Siem Reap, auf der Straße zum Banteay Srey | www.angkorbutterfly.com*

MINENMUSEUM VON AKI RA (CAMBODIA LAND MINE MUSEUM RELIEF FACILITY)
(128–129 C–D3) *(ᗰ G2)*

Der Gründer des Museums, Aki Ra, hat als Soldat jahrelang die Minen entschärft, die er als Kindersoldat bei den Roten Khmer selbst gelegt hatte. Eine Art Trainingsminenfeld, das man mit Detektor begehen kann, eine informative Ausstellung mit vielen deaktivierten Minen, Granaten und anderen Waffen, eine Schule und ein

☺ Rehabilitationscenter für Minenopfer gehören zur Anlage. Nicht zu verwechseln mit dem rein kommerziellen Minen-Museum an der N 6! *Tgl. 7–18 Uhr | Eintritt ca. 1 Euro | nordöstlich von Siem Reap auf dem Angkor-Gelände, ca. 6 km südlich von Banteay Srei | www.cambodialandminemuseum.org*

PHNOM KULEN UND KBAL SPEAN (FLUSS DER TAUSEND LINGAS) ★
(129 D3) *(ᗰ G2)*

Der 487 m hohe, heilige Phnom Kulen im gleichnamigen Nationalpark wird als Geburtsstätte des Khmer-Imperiums betrachtet. 802 n. Chr. ließ sich Jayavarman II. hier als erster *devaraja*, ein gottgleich verehrter König, krönen und gründete sein Reich Mahendraparvata, das kurze Zeit später nach Roluos verlegt wurde. Vor allem an Wochenenden zieht es viele Khmer zum *Wat Preah Ang Thom* auf dem ⚘ Gipfel mit herrlichem Ausblick, wo sie am ca. 10 m langen, ins Nirwana eingegangenen Buddha Opfergaben darbringen und dann zum Picknick am nahe gelegenen 30 m hohen zweistufigen Wasserfall gehen.

Tief im Regenwald am westlichen Ausläufer des riesigen Phnom-Kulen-Plateaus versteckt sich der *Kbal Spean* (auch: *Fluss der tausend Lingas*), der erst 1969 von einem französischen Wissenschaftler entdeckt wurde. Der Bach fließt seit fast tausend Jahren über zahllose in den Fels geschlagene Reliefs: Szenen aus dem Ramayana, der liegende Vishnu, Brahma und Shiva, Apsaras und über Hunderte von kleinen Lingas, die phallusartigen Fruchtbarkeitssymbole, die Shiva symbolisieren und die das Flusswasser für die Bewässerung der Reisfelder fruchtbarer machen sollten. Den leicht ansteigenden Weg *(1,5 km, ca. 45 Min.)* sollten Sie nicht verlassen, da die Gegend bis 1995 Kampfgebiet war und derzeit noch von

www.marcopolo.de/kambodscha

ANGKOR & SIEM REAP

Auf dem heiligsten Berg des Landes: Buddhastatue im Wat Preah Ang Thom

deutschen Fachleuten entmint wird. Kbal Spean ist im Angkor-Ticket enthalten und nur bis 15 Uhr geöffnet; Phnom Kulen kostet 14 Euro extra Straßennutzungsgebühr. *45 km nordöstlich von Siem Reap, 12 km von Banteay Srei*

Den Ausflug nach Kbal Spean können Sie mit einem Besuch bei den deutschen Tierschützern des ACCB und ihrer **INSIDER TIPP** zoologischen Aufzuchtstation für seltene Tiere verbinden. *Angkor Centre for Conservation of Biodiversity | Kbal Spean | Tel. 099 60 40 17 | www.accb-cambodia.org | 1,5-std. Führung Mo–Sa 13 Uhr, gegen eine kleine Spende*

PREAH VIHEAR ★ (129 E2) (*G2*)

In spektakulärer Lage auf den steil abfallenden Damrek-Bergen thront der Preah Vihear sozusagen über dem äußersten Norden Kambodschas. Der Tempel (9.–12. Jh.) liegt auf kambodschanischem Boden im Grenzgebiet zu Thailand. 2008 hat die Unesco Preah Vihear zum Weltkulturerbe ernannt, seitdem ist ein heftiger, seit Jahrhunderten schwelender Grenzkonflikt wieder aufgeflammt, ein Ende ist nicht absehbar. Über steile Naga-Treppen und vier Terrassen steigt das Heiligtum wie ein Götterthron mit *gopura*-Pavillons, Säulen, Türmen und Galerien bis auf 600 m Höhe an. Auf dem ✦ obersten Plateau bricht der Boden an einer Felsenklippe senkrecht ab und bietet einen atemberaubenden Blick über das Land, das sich leer und verlassen zu Füßen der Tempelbesucher erstreckt. In der Gegend gibt es wegen der starken Verminung kaum Siedlungen. Der noch immer selten von Kambodscha aus besuchte Tempel war jahrelang von Thailand aus besser zugänglich – mit massenhaftem Ansturm thailändischer Reisegruppen. Derzeit jedoch ist der thailändische Zugang gesperrt, was den Tempel zu **INSIDER TIPP** einer der ruhigsten und abgelegensten Unesco-Tempel-

66 | 67

ANGKOR

Oasen in ganz Asien macht! Nach einem UN-Richterspruch herrscht Ruhe in der Gegend, das Auswärtige Amt warnte bei Redaktionsschluss dennoch vor Reisen nach Preah Vihear – erkundigen Sie sich vor Ihrer Reise nach der Lage. *5–17 Uhr | ca. 2 Euro | etwa 200 km nordöstlich von Siem Reap, 6 Std. auf der neuen Straße N 67 über Anlong Veng, wo viele Hotels im Bau sind*

ROLUOS-GRUPPE (129 D3) (ᗰ G2)

Die drei Tempel – *Bakong, Preah Ko, Lolei* – sind die Überreste der ersten größeren Hauptstadt des Khmer-Imperiums, die von Jayavarman II. im 9. Jh. gegründet worden war: Hariharalaya, benannt nach Hari Hara, einer hinduistischen Gottheit. Innerhalb von 70 Jahren entstanden hier die Vorläufer der berühmten Angkor-Bauten, erstmals aus Sandstein statt Holz und Ziegeln. Am beeindruckendsten ist der fünfstufige Tempel Bakong (881 erbaut) im Zentrum, der zu Ehren Shivas errichtet wurde, mit seinem ☘ Zentralturm im Angkor-Stil (das *Independence-Monument* in Phnom Penh ist ihm nachempfunden), der von weiteren acht Türmen bzw. deren Überresten umgeben ist. Nördlich erheben sich die sechs Prasat-Türme von *Preah Ko,* die von Nandi, dem Reitstier Shivas, Wächterfiguren und steinernen Löwen bewacht werden. Auffallend über vielen Portalen: Kala, ein mythologischer Dämon mit großem Maul und Glubschaugen. *13 km östlich von Siem Reap an der N 6 Richtung Phnom Penh nahe dem Ort Roluos (Teile werden derzeit restauriert)*

WESTLICHER BARAY (129 C3) (ᗰ F2)

Während die meisten Bewässerungsbecken und -gräben aus der Angkor-Epoche heute verschlammt bzw. ausgetrocknet sind, wird das 17 km² große westliche Becken noch immer genutzt. Die Macht des Khmer-Imperiums erklärt sich durch die damalige Beherrschung des Wassers und die kluge Ausnutzung der Monsunzeiten. Die Khmer-Könige ließen erstmals gigantische Wasserreservoirs anlegen, um die Felder der rund 80 000 Bauern auch in der Trockenzeit bewässern zu können. In der Regenzeit füllten sich diese Becken mit bis zu 40 Mio. m³ Monsunwasser. Durch ein natürliches Gefälle gelangte das Wasser über ein Netz aus Kanälen auf die Felder. Dadurch steigerten die Khmer ihre Reiserträge bei mehreren Ernten im Jahr. Genießen Sie Bootsfahrten zum *West Mebon Tempel* in der Mitte des Sees oder ein Picknick (dem Khmer-Badespaß sollte man angesichts des nicht ganz so verlockenden Wassers besser nur zugucken). *N 6 hinter dem Airport, ca. 9 km westlich von Siem Reap und Angkor*

BATTAMBANG

(128 B4) (ᗰ F3) **Die zweigrößte Stadt Kambodschas (160 000 Ew.) präsentiert sich als überschaubare grüne Oase mit Alleen, Palmen und Frangipani-Bäumen zwischen einigen prachtvollen Pagoden.** Viele französisch-chinesische Kolonialbauten und Villen, wie die imposante Gouverneursresidenz, und typische Shophouses finden sich entlang der *Uferpromenade* am Stung Sangker und der lebhaften Street 3. Die Provinzhauptstadt lohnt vor allem wegen ihrer (noch) friedlichen und geruhsamen Atmosphäre als Abwechslung vom Touristenrummel im zweieinhalb Autostunden entfernten Siem Reap oder als Zwischenstopp auf der Reise von oder nach Thailand. Morgens ist die beste Zeit für einen Marktbummel auf dem *Phsar Nath,* der als pyramiden-

www.marcopolo.de/kambodscha

ANGKOR & SIEM REAP

artiges, ockergelbes Bauwerk in moderner Khmer-Architektur mit Uhrturm nicht zu übersehen ist. Da die Provinz als Reiskammer des Landes zu den reichsten und fruchtbarsten Kambodschas zählt, türmen sich hier Obst, Gemüse, Reis und sogar die Edelsteine.

ESSEN & TRINKEN

Am Nachmittag füllen sich die Suppenküchen des Riverside Nightmarket und versorgen ihre Gäste auf Plastikschemeln mit einfacher Khmer-Kost (für kaum mehr als 1 Euro) und für den, ders mag, mit frittierten Grillen.

WHITE ROSE
Immer voll, große Speiseauswahl an Khmer- und asiatischen Gerichten (große Portionen für 2 Euro), freundlicher Service. *Tgl. | Street 2, Parallelstraße zur westlichen Uferstraße, nahe Angkor Hotel | Mobil 012 53 65 00 | www.white rosebattambang.com | €*

FREIZEIT & SPORT

RAD-, KAJAK- UND BOOTSTOUREN
Radeln oder paddeln Sie entspannt am oder auf dem Fluss, vorbei an alten eisernen Brücken und Palmen in die ländliche Idylle, in der die Zeit stehen geblieben scheint: entlang terrassierter Gemüsefelder, vorbei an Bambus-Stelzenhäusern in Fischerdörfern, an Tempeln und durch üppig grüne Landschaften *(Info: Green Orange Kayaks | www.fedacambodia.org)*. Bei einer der schönsten Bootsfahrten Kambodschas tuckert man auf dem Sangker-Fluss über den riesigen Tonle-Sap-See in Richtung Siem Reap durch Marschland, Vogelschutzgebiete wie Prek Toal und entlang zahlloser Hausbootsiedlungen – am besten ist dafür die Zeit von August bis Januar geeignet *(4–10 Stunden je nach Wasserstand, nicht unbedingt zu empfehlen in der höchsten Trockenzeit März–Mai, da es dann oft zu Pannen durch Überladung und Auf-Grund-laufen kommt)*.

Familienbetrieb auf kambodschanisch: Verkaufsstände in Battambang

68 | 69

BATTAMBANG

INSIDER TIPP PHARE PONLEU SELPAK (ZIRKUSSCHULE)

In dem engagierten Ausbildungsprojekt und Waisenhaus werden derzeit etwa 100 Kinder und Jugendliche, darunter ca. 30 Waisen und Straßenkinder, zu Artisten ausgebildet. Außerdem gibt es Unterricht in Musik, Theater und Tanz, Malen und Schneidern. Man schließt mit den Kindern eine Art mündlichen Vertrag: Sie müssen am Schulunterricht teilnehmen, erst dann dürfen sie sich im Zirkuszelt als Clowns, Zauberer oder am Trapez versuchen. Wochentags zwischen 8 und 11 sowie 14 und 17 Uhr können Besucher beim Üben zuschauen, zuhören und die Ausstellung bewundern. *Shows: Do 19–20 Uhr mit anschließendem Dinner (unregelmäßig Juni–Okt.) | ca. 6 Euro | Anh Chanh Village | ca. 1 km westlich der Vishnu-Statue an der N 5 rechts in einen Feldweg abbiegen (ausgeschildert) | Tel. 053 95 24 24 und 012 82 14 98 | www.phareps.org*

INSIDER TIPP BAMBOO TRAIN

Reisen wie die Khmer: Eine spannende einstündige Fahrt auf dem originellen Schienen-Transportmittel namens *nori*. Einfach auf das Bambus-Holz-Gestell mit Rädern setzen, und ab geht die holprige Fahrt mit Generator-Antrieb und bis zu 40 km/h – mitsamt Reissäcken, Mopeds, Hühnern und sogar Rindern. Wenn auf dem einspurigen Gleis ein anderer Bamboo Train oder gar ein Güterzug aus Phnom Penh entgegenkommt, steigen alle ab und heben das Gestell gemeinsam vom Gleis. Keine Sorge: Der Bummelzug ist noch langsamer als der Bamboo Train und verkehrt nur alle paar Wochen (d. h., sofern die Brücken auf der Strecke intakt sind, falls nicht, ist auch der Bamboo Train auf unbestimmte Zeit eingestellt). *Ab Ou Dambong, ca. 3 km südlich des Stadtzentrums am östlichen Flussufer (ausgeschildert) | vor Ort kostet der Spaß ca. 4–7 Euro p. P. je nach Anzahl Passagiere oder ob reiner Touristen-*

Reise im Bamboo Train, der kambodschanischen Antwort auf die Draisine

www.marcopolo.de/kambodscha

ANGKOR & SIEM REAP

charter | Info: über die Hotels oder Local Adventures in Siem Reap | Tel. 063 96 61 40 | www.local-adventures.com

AM ABEND

MADISON CORNER
Französische Küche, hier gibt es vorwiegend Crepes und Salate auf tausendundeine Art, Fast-Food, Eiscreme und alle möglichen Schnäpse, Bier, Cocktails, hausgemachter Rum. Auch Frühstück und Milkshakes. *Ab 18 Uhr | Street 2,5, im Südwesten vom Markt | €*

RIVERSIDE BALCONY
Ein schönes, altes Holzhaus, in dem Sie direkt am Fluss in einer fast dschungelhaften Umgebung einfach-rustikal speisen können (Mückenschutz nicht vergessen!). Zum Beispiel bekommen Sie Deftiges wie Burritos und Burger, Pasta und Pizza, Chili con Carne und „Schweineschnitzel Robert". Nachmittags ist das Riverside eine herrliche Oase, am Abend füllt sich die Bar. *Di–So 16–23 Uhr | im Süden Battambangs an der westlichen Uferstraße (Street 1), Ecke N 57 Richtung Pailin | Tel. 053 73 03 13 | €€*

ÜBERNACHTEN

Battambang ist die Stadt mit dem **INSIDER TIPP** besten Preis-Leistungsverhältnis bei Hotels.

LA VILLA
Die Kolonialvilla aus den 1930er-Jahren beherbergt ihre Gäste in teils riesigen, säulengetragenen Zimmern mit Terrasse/Balkon, teils unterm Dach: stilvoller Mix aus antikem Mobiliar (Sekretär, Truhe, Pfostenbett, Paravent) und supermoderner Ausstattung (Flach-TV, DVD). Zimmer 2 betritt man durch eine ovale

Art-déco-Flügeltür! Pool-Oase im Garten, sehr gutes Restaurant mit Bar unter einer originellen Glas-Eisen-Konstruktion. *7 Zi. | 185 Pom Romchek 5, östliche Uferstraße | Tel. 053 73 01 51 | www.lavilla-battambang.net | €€*

ROYAL
Alt und jung treffen sich in dem bewährten, dreistöckigen Hotel mit bester Reiseinformation. Unterschiedlich ausgestattete Zimmer (teils Sat.-TV, Klimaanlage, Heißwasserdusche). Tolles Panorama von der 🌿 Dachterrasse. *45 Zi. | kleine Straße westlich vom Markt | Tel. 053 95 25 22 und 016 91 20 34 | €*

STUNG SANGKE
Drei- bis Vier-Sterne-Hotel zentral nahe dem Fluss gelegen, imposante Lobby, elegante Zimmer, Pool und Fitness-Center – aber kaum Gäste, daher unglaublich gute Rabatte. *130 Zi. | N 5 nahe der neuen nördlichen Brücke | Tel. 053 95 34 95 | www.stungsangkehotel.com | €€*

ZIELE IN DER UMGEBUNG

PHNOM SAMPEAU 🌿
(128 B4) (ᗑ E3)
Der 160 m hohe Berg stellt der Legende nach ein zu Stein erstarrtes Sc___ dar, mit dem einst der König von Si___ die Prinzessin Neang Rumsay Sok ___ der Stadt Takeo im Süden Kambods___ bis hierher entführt hatte. Haben ___ die 700 Stufen (20 Minuten oder sc___ im Tuktuk) in der Gesellschaft einiger neugieriger Makaken und Kinder erklommen, können Sie die Augen wandern lassen über grüne Palmenwipfel und Reisfelder, den *Phnom Krapeu* (Krokodilsberg) und den 400 m hohen *Phnom Banan* auf dessen Plateau ein fünftürmiger Tempel mit Steinmetz-

BATTAMBANG

arbeiten aus dem 11. Jh. thront *(25 km südlich von Battambang)*. Der Phnom Sampeau birgt in seinem Inneren mehrere Höhlen mit buddhistischen Schreinen, im Nirwana liegenden Buddhas und zwei Pagoden mit Wandmalereien.

spektakulären Naturereignis, wenn ● **INSIDER TIPP** Abertausende Fledermäuse aus den Höhlen zur nächtlichen Futtersuche ausschwärmen. *Ca. 1,50 Euro | 12 km südwestlich von Battambang an der N 57 Richtung Pailin*

Den Gipfel des legendären Bergs Phnom Sampeau krönen reich verzierte Pagoden

An der Bergflanke in der *Teng-Klun-Höhle* liegt eine fast unheimliche Gedenkstätte *(Killing Caves, Laang Kirirum)* zu Ehren Tausender Opfer des Pol-Pot-Regimes, darunter auch der Mönche, die hier 1975–79 über die senkrecht abbrechende Klippe geworfen wurden. Ihre hinter Glas verwahrten Knochenreste und Schädel bewacht ein liegender Buddha. Die verstreuten Waffenreste (etwa ein vietnamesisches Abwehrgeschütz) sind stumme Zeugen der Zeit, als der Berg noch strategischer Stützpunkt der Roten Khmer war.

Zum Sonnenuntergang verdunkelt sich allabendlich der Himmel bei einem

INSIDER TIPP **WEINGUT PRASAT PHNOM BANAN** (128 B4) (*F3*)

In der Nähe des Phnom Banan wachsen einige tausend Rebstöcke auf einem Hügel – ein Weinberg, man traut seinen Augen kaum. Seit einigen Jahren hegt und pflegt ein kambodschanisches Paar die sensiblen Pflänzchen auf dem einzigen Weingut Kambodschas, bis vor Kurzem mit eher unorthodoxen Mitteln wie der Gärung in Plastikflaschen, zur besseren Kühlung im Sand vergraben. Die Weine genießt man bei einer Probe im Garten, die Kellerei kann besichtigt werden. Kenner sollten lieber beim Traubensaft bleiben. Die tropischen Tropfen (Shiraz,

www.marcopolo.de/kambodscha

ANGKOR & SIEM REAP

Cabernet Sauvignon und Chardonnay sowie Brandy) werden hier oder in Battambang verkauft – achten Sie auf das rosa Etikett mit Goldrand. *Ca. 10 km südlich von Battambang, entlang der Straße 155 am Westufer des Stung Sangke Richtung Phnom Banan, etwas schwierig zu finden, nahe dem modernen Wat Bai Dom Ram im Dorf Bot Sala | Tel. 012 66 52 38*

SIEM REAP

KARTE AUF SEITE 135
(128 C3) (*F2*) Um Boomtown Siem Reap kommt kein Kambodscha-Besucher herum – die Stadt ist und war schon immer die Ausgangsbasis aller Tempelentdecker.

Ein Baurausch mit wahrer Goldgräberstimmung hat zur Jahrtausendwende das Städtchen (ca. 150 000 Ew.) erfasst. Ein Ende ist nicht in Sicht, an der Airport Road reiht sich ein klobiges Angkor-Barock-Fantasy-Hotel ans nächste. Angesichts der massiven Bebauung mit gigantischen Anlagen und Golfplätzen (1994 gab es drei Hotels in Siem Reap, heute sind es weit über 200!), reden manche Kritiker schon davon, dass sich dieselben Probleme wiederholen, weswegen das Khmer-Reich vor 1000 Jahren aufgegeben werden musste: Wasserknappheit, Abholzung der Wälder, dadurch wiederum zuviel Wasser bei Überflutungen in der Regenzeit.

Im ganzen Schilderwald – Pancakes, Sushi, Angkor Beer, Karaoke – sind die charmanten ursprünglichen Seiten Siem Reaps kaum noch zu sehen: Am Ufer des Stung Siem Reap behaupten sich noch einige Kolonialhäuschen der Franzosen im Schatten der Tamarinden. Wie Phönix aus der Asche erhob sich auch das ehrenwerte Grand Hotel d'Angkor, in dem einst Charlie Chaplin genächtigt hat. In den 1970er-Jahren von den Roten Khmer geplündert, ist die Hotel-Legende heute nicht selten ausgebucht. Bei Ausflügen ins Umland, etwa mit dem Rad dem Fluss nur wenige Kilometer folgend, geht es durch noch immer bäuerliche Alltagswelt fast wie vor 100 Jahren.

SEHENSWERTES

ANGKOR NATIONAL MUSEUM
(128 C3) (*F2*)

Hier erhalten Sie eine sehr gute (aber leider auch teure) Einführung vor dem Besuch der Tempelruinen, denn in Angkor selbst sind viele Statuen nur als Kopien oder gar nicht mehr vorhanden: Das moderne Museum inklusive Kinosaal *(Show alle 15 Min.)* zeigt in seiner chronologischen Ausstellung zahlreiche Buddhastatuen, Büsten der Khmer-Könige, Stelen mit historischen Inschriften und weitere architektonische Fragmente aus unterschiedlichen Epochen. *Tgl. 8.30–18.30 Uhr, außer an Feiertagen (Einkaufscenter: tgl. 10–20 Uhr) | Eintritt 9 Euro, plus Audio Tour Guide in Englisch 2 Euro | Vithei Charles de Gaulle, Straße nach Angkor | www.angkornationalmuseum.com*

> **WOHIN ZUERST?**
> **ALTER MARKT (PHSAR CHAS) (135 B3) (*b3*):** Rund um den Alten Markt *(Phsar Chas)* tauchen Sie ein in das bunte Treiben und das Gewusel: zwischen Khmer-Händlerinnen auf dem Markt, Obstständen und der allseits beliebten Pub Street und ihrem Schilderwald. Besonders abends herrscht hier Sehen und Gesehen werden bei Billard. Einen öffentlichen Nahverkehr gibt es nicht, dafür aber jede Menge Taxis, Tuktuks, Cyclos und Co.

72 | 73

SIEM REAP

CAMBODIAN CULTURAL VILLAGE ●
(128 C3) (*ℳ F2*)

In dem Khmer-Modelldorf sind die berühmtesten Gebäude Kambodschas als Miniaturen zu sehen, so z. B. der Königspalast in Phnom Penh. Sie wandeln durch die Dörfer der verschiedenen Ethnien, etwa Chinesen und Cham. Bedeutende Persönlichkeiten sind als Wachsfiguren zugegen, wie die Khmer-Könige, die Eltern des langjährigen Königs Sihanouk und einheimische Filmstars. *Hochzeitszeremonie-Show (tgl. 10.35 und 15.15 Uhr)* am *Millionaires House*, einer nachgebauten traditionellen Teakvilla. *Tgl. 9–21 Uhr | Eintritt 8 Euro, Kinder unter 1,10 m haben freien Eintritt | ca. 1 km westlich vom Ortszentrum an der N 6 Richtung Airport | Restaurant mit Dinner-Buffet-Show Fr–So 18.30 Uhr | www.cambodianculturalvillage.com*

INSIDERTIPP ▶ CONSERVATION D'ANGKOR (128 C3) (*ℳ F2*)

Tausende wertvoller Skulpturen lagern hier seit mehr als 100 Jahren bewacht und hinter dicken Gittern – einen Kunstraub mit schweren Waffen soll es in der Vergangenheit schon gegeben haben. Ganze Torbögen und Balustraden lehnen an Lagerhauswänden, phallusartige *linga*-Sockel liegen kreuz und quer, Dämonen hocken brav in einer Reihe neben kopflosen Buddhas und Shivas. Die *L´École francaise d´Éxtrême-Orient* hatte diese Schätze während ihrer Restaurierungen in Angkor seit 1908 zusammengetragen, bis auch die französischen Archäologen 1975 das Land der mordenden Roten Khmer verlassen mussten. Die Lagerhäuser mit geschätzten 6000 Objekten sind verschlossen und für die Öffentlichkeit eigentlich nicht zugänglich – Sie können aber versuchen, vorher einen Termin zu vereinbaren (und

manchmal öffnet auch ein Wachmann bei freundlichem Auftreten und gegen eine kleine „Spende" ...). Auf dem Gelände befindet sich auch das Büro des *German Apsara Conservation Projects (GACP, www.gacp-angkor.de)*, in dem meist ein deutscher Mitarbeiter oder Student gern Auskunft gibt über den Stand der schier endlosen Restaurierungsarbeiten an Angkor Wats 1850 himmlischen Apsaras bzw. Devatas. *Tgl. 8–18 Uhr | Phum Traeng, etwas außerhalb an der nördlichen Pokambor St. am Siem-Reap-Fluss, Bezirk Khum Slor Kram | Tel. 063 96 34 25 oder Mobil 012 94 30 96 (Direktor Tuon Phok)*

WAT BO (135 C3) (*ℳ c3*)

Eine der ältesten und meistverehrten Pagoden in Siem Reap: herrliche alte Wandmalereien (Ende 19. Jh.) mit teils farbenprächtigen Szenen aus dem Ramayana/Reamker – einmal nicht in der kitschig-bunten Version, die man sonst überall sieht. Suchen und bewundern Sie in den Bildern auch den Opium rauchenden chinesischen Markthändler und die französischen Soldaten, die beim traditionellen Apsara-Tanz zuschauen. Außerdem sind einige alte Trommeln ausgestellt. *Mo–Do 6–18, Fr–So 16–17 Uhr | Wat Bo St., nahe Theachamrat St.*

ESSEN & TRINKEN

Gut und billig können Sie den ganzen Tag an der Nordseite des Alten Markts *(Phsar Chas)* (135 B3) (*ℳ b3*) in einfachen Suppenküchen essen, etwa die Klassiker Nudelsuppe, Bratreis und Bratnudeln für 1,50 Euro. Ansonsten warten gut 200 Restaurants in Siem Reap auf Gäste.
Viele hübsche, neue Gartenlokale finden sich in der Wat Bo Street auf der östlichen Flussseite.

ANGKOR & SIEM REAP

L'ANGELO (128 C3) (*F2*)
Der exklusive Italiener serviert beste norditalienische Küche mit einem Hauch asiatischer Ingredienzen in stilvoller Atmosphäre. *Tgl. | Vithei Charles de Gaulle, an der Straße nach Angkor Wat, ca. 2 km nördlich | Tel. 063 96 39 00 | €€€*

französischen Note. Interessante Salatvariationen, Pizza und Pasta, Burger und Kebab, Steaks und Lachs. Sie können im Garten speisen oder drinnen, unter Ventilatoren und viel Grün. *Tgl. | 729 Wat Bo St. | Tel. 012 56 99 75 | www.selantra restaurant.com | €–€€*

In der Altstadt von Siem Reap finden sich viele Häuser im Stil der Kolonialzeit

SAWADEE FOOD GARDEN (135 C1) (*c1*)
Lange bewährtes und gutes Thai-Gartenlokal (überdacht und klimatisiert) einer thailändischen Familie. Die Fische können Sie sich im Bassin aussuchen, die Preise sind nicht der Rede wert. *Tgl. | Wat Bo St., ca. 50 m nördlich der N 6 | Tel. 063 96 44 56 | €*

SELANTRA (135 C3) (*c3*)
Modernes kambodschanisches Lokal in unaufdringlichem, aber schickem Design: etwas abseits der Touristenzone, freundliche Bedienung und hervorragende Khmer-Küche mit einer

THE SINGING TREE (135 B3) (*b3*)
Szene- und Familien-Treffpunkt: Öko-Gartenidylle mit Korbsesseln, vegetarischen Speisen und Seafood, Gebäck und Eiscreme. Für die Kids: Schaukel, Buddelkasten, Kinofilme, Kindergerichte, Hip-Hop-Kurs; für Eltern: Galerie, regelmäßige *monk chats* und Yogakurse. *Mo geschl. | Alley West, zwischen Pub Street und Alter Markt | Tel. 092 63 55 00 | www. singingtreecafe.com | €–€€*

THE SUGAR PALM (135 A2) (*a2*)
In dem Verandahaus im traditionellen Stil werden vorwiegend leckere Khmer-

74 | 75

SIEM REAP

Speisen serviert; es lohnt sich, die große Weinkarte zu studieren. Abends beliebte Bar mit spottbilligen Cocktails und open end. *So geschl. | Taphul Road Tel. 063 96 48 38 | €–€€*

VIROTH'S (135 C3) (*m c3*)

Erstaunlich preiswerte Khmer-Gerichte und Weine in schlicht-elegantem Ambiente: Man speist in dem überdachten Open-Air-Lokal zwischen Palmengarten und plätschernden Teichen. *Tgl. | 246 Wat Bo St., hinter Residence Hotel | Tel. 012 82 63 46 | www.viroth-hotel.com/restaurant.php | €–€€*

EINKAUFEN

In Siem Reap kann das Shoppen süchtig machen, es gibt neben den traditionellen (Nacht-)Märkten (handeln!) Hunderte von Läden und vor allem entlang der *Sivatha St.* immer mehr riesige klimatisierte Einkaufscenter (feste Preise!).

ALTER MARKT (PHSAR CHAS) ● (135 B3) (*m b3*)

Souvenir- und Schnäppchenjäger können stundenlang stöbern zwischen Hunderten von Ständen mit Seiden- und Silberwaren, Kunsthandwerk, Rattanmöbeln, Statuen in allen Größen, traditionellen Musikinstrumenten, *krama*-Tüchern, Schmuck, DVDs und CDs, aber auch Koffern, Taschen, Haushaltsgegenständen, ganzen Bergen aus Obst, Fisch und Fleisch – alles unter einem Dach im Herzen der Stadt. Handeln nicht vergessen! Trendige Accessoires für einen guten Zweck gibt es am **INSIDER TIPP** Stand Nr. 14 H „Tooit Tooit". Er gehört zur Kinderschutzorganisation *Child Safe Network (Friends International)*, deren Erlöse in die Ausbildung von verarmten Eltern und Straßenkindern investiert werden. Empfehlenswert ist auch der **INSIDER TIPP** Stand Nr. 14 der netten Pisey, die für ihre Seidenwaren und den Schmuck, besonders die silbernen Ohrringe, immer faire Preise bietet.
Rund um den Markt haben sich viele Boutiquen, Kunsthandwerksläden und Galerien angesiedelt. *6 bis ca. 20 Uhr, beste Preise morgens | Pokambor Ave., am westlichen Flussufer*

ANGKOR COOKIES – MADAM SACHIKO (128 C3) (*m F2*)

Kekse in Angkor-Form mit diversen Aromen von Kaffee über Kokosnuss bis Pfeffer, außerdem Schokolade, Fruchtshakes, Tee, Kaffee, Palmzucker – alles kambodschanische Produkte. Ein kleines Café ist angeschlossen. *Tgl. 9.30–19 Uhr | an der Straße nach Angkor gegenüber dem Sofitel Hotel | www.angkorcookies.com*

ANGKOR NIGHT MARKET (135 A3) (*m a3*)

Auch der erste Angkor Night Market sorgt für *happy shopping* an fast 200 Kunsthandwerksständen in Bambushütten mit Souvenirs und originellen Produkten aus Wasserhyazinthen, Kokosnüssen, Reispapier, Holz und Leder (Schattentheater-Figuren), außerdem ein 3-D-Kino und gelegentlich Livebands in der strohgedeckten Island Bar. *16–24 Uhr | westlich der Sivatha St. | www.angkornightmarket.com*

ARTISANS D'ANGKOR ☺ (128 C3) (*m F2*)

Höchste Qualität zu ebensolchen Preisen: Aus einem Ausbildungsprojekt 1992 entstanden, wurden hier schon Tausende junger Kambodschaner zu Künstlern, Steinmetzen, Töpfern, Weberinnen usw. ausgebildet und sind heute an den Profiten beteiligt. Es gibt zwei Filialen. *Siem Reap: tgl. 7.30–18.30 Uhr |*

www.marcopolo.de/kambodscha

ANGKOR & SIEM REAP

Stung Thmey St. (mit Werkstatt-Besichtigung) sowie 16 km außerhalb in der Angkor Silk Farm: tgl. 8–17.30 Uhr | mit 🟢 *Gratisbesichtigung der einzelnen Produktionsschritte von der Maulbeerplantage über die Seidenraupenzucht bis zur Seidenweberei | angeschlossenes Museum | an der N 6 Richtung Battambang | Shuttlebusse ab der Hauptfiliale um 9.30 und 13.30 Uhr | Tel. 063 96 33 30 | www.artisansdangkor.com*

BOOM BOOM ROOM (135 B3) (*b3*)
Hier gibt es alles, was mit Musik zu tun hat: CDs, MP3-Player und iPods, die Sie hier auch auf aufladen können. Mit Café: leckerer Kaffee und Kuchen. *Tgl. 10–22 Uhr | Am Alten Markt*

PICH REAMKER (135 B2) (*b2*)
Hier bekommen Sie die vollständig handbemalten Masken und den prachtvollen, goldenen Kopfschmuck aus dem traditionellen Ramayana/Reamker-Tanz. *Tgl. 7.30–20.30 Uhr | 591 Hup Guan St., hinter dem Zentralmarkt/Phsar Kandal*

SENTEURS D'ANGKOR (135 B3) (*b3*)
Hier erwartet Sie eine wohlriechende Sinfonie für die Sinne: Gewürze, Khmer-Curry-Pulver und Kokosnussöl, handgemachte Seifen, Badesalze und Tigerbalm, Tees, Kaffees und Reiswein mit Zimt- oder Ingwergeschmack, Räucherstäbchen, der legendäre Kampot-Pfeffer und Cashewnüsse – lauter hübsche oder wohlschmeckende Mitbringsel. *Tgl. 7.30–22 Uhr | gegenüber vom Phsar Chas | www.senteursdangkor.com*

SMATERIA 🙂 (135 B3) (*b3*)
Wie wäre es mit einer schicken Handtasche aus einem Tetra-Pak-Milchkarton? Oder einem Schlüsselanhänger aus Recycling-Plastik? Wie man aus Fischernetzen, Plastikmüll und anderem „Straßenmaterial" funky Accessoires herstellt, zeigen die beiden Italienerinnen Elisa und Jennifer (mithilfe ihrer 50 kambodschanischen, teils behinderten Angestellten), durchaus kreativ und umweltbewusst, z. B. in *The Alley West*, nahe Pub Street, auch ein Laden im Air-

Top-Adresse, um Mitbringsel zu besorgen: der Night Market in Seam Reap

76 | 77

SIEM REAP

port Phnom Penh | www.smateria.com

AUSKUNFT

Informationen erhalten Sie allen Gästehäusern und Hotels – und oftmals besser als im offiziellen Tourismusbüro (gegenüber vom Raffles Hotel). Lesenswert sind die überall ausliegenden, vierteljährlichen Hefte *Siem Reap Visitors Guide*, *Pocket Guide Siem Reap* und *Ancient Angkor Guidebook*.

FREIZEIT

DR. FISH MASSAGEN ●
(135 A3) (*m a3*)

Der witzig-kitzlige Trend in Asien: Füße bei der Besichtigung der Tempel wundgelaufen? Kein Problem für Dr. Fish: Diese angesagte Wellness-Institution und Pediküre mit akademischem Grad lässt Garra-Rufa-Winzlinge (auch Kangal-Fische genannt) an Hornhaut und Schuppen knabbern (ursprünglich stammt diese tierische Spa-Behandlung übrigens aus der Türkei, wo sie schon im 19. Jh. angewendet wurde). *Tgl. ab 16 Uhr | z. B. auf dem Angkor Night Market | Tel. 017 41 24 75 | 20 Min. ab ca. 1,50 Euro*

FRANGIPANI SPA ● (135 B2) (*m b2*)

Einer der besten Spas in Siem Reap: zarte Hände, die genau den richtigen Druck ausüben, leise Musik, angenehme Düfte und ein Tamarind-Drink – mit klassischen Tropical-Massagen *(60 Min. 18 Euro)*, Fußmassagen, Kräuterbädern, *Khmer Coffee Scrub* oder Facials (Gesichtsbehandlungen) können Sie sich hier stilvoll verwöhnen lassen *(Spa-Package, 140 Min., ca. 63 Euro tgl. 12–22 Uhr | 617 Hup Guan St., kleine Straße zwischen Riviera Hotel und Zentralmarkt/Phsar Kandal | Tel. 063 96 43 91 | www.frangipanisiemreap.com).*

KOCHKURS

Wenn Sie einen Blick in die Khmer-Woks und -Töpfe werfen wollen, sollten Sie einen der angesagten Kochkurse buchen, mit morgendlicher Einkaufsrunde auf dem Markt – z. B. bei *Le Tigre de Papier* –, deren Einnahmen einer Hotelschule zugutekommen *(Tel. 063 76 09 30 | www.letigredepapier.com | drei Stunden 9 Euro),* oder bei den beliebten *Cooks in Tuktuks* vom Rivergarden Restaurant *(drei Stunden 24 Euro | Tel. 063 96 34 00 | www. therivergarden.info).*

TOUREN

ASIAN TRAILS (135 B2) (*m b2*)

Professionelle Touren auch von deutschsprachigen Reiseführern mit langjähriger Erfahrung. *587 Hup Guan St. | Tel. 063 96 45 95 und 063 96 45 96, Tel. in Deutschland: 069 50 50 05 32 | www. asiantrails.info*

BUFFALO TOURS (135 A2) (*m a2*)

Bewährter Veranstalter mit Touren von Abenteuer bis Luxus, z. B. „Elefanten-Führerschein" oder per Rad von Saigon nach Angkor. *556 Tep Vong St. | Tel. 063 96 56 70 | www.buffalotours.com*

MONSOON TOURS (128 C3) (*m F2*)

Spezialisiert auf Birdwatching bei Angkor, Touren am Mekong sowie in die Nachbarländer. Eines der ältesten deutschen Reisebüros in Kambodscha. *030 Phnom Steng Thmey, Bezirk Svay Donkom | Tel. 063 96 66 56, Tel. in Deutschland: 03320 82 04 04 | www. monsoon-tours.com*

AM ABEND

Bei rund 100 Bars fällt der Überblick schwer: Die Travellerszene trifft sich in

ANGKOR & SIEM REAP

der *Pub Street* (keine 50 m nördlich vom Alten Markt), die abends zur trubeligen Fußgängerzone wird: z. B. im *Angkor What?*, – dem immer noch populären Pionier unter den Pubs in Pub Street. *butterfliesofangkor.com)*, im *Dead Fish Tower* und im *Temple Club (Temple Balcony, s. Low-Budget-Tipp)* oder teurer in den Luxushotels wie dem *Raffles (Mo, Mi und Fr | ca. 19 Euro)*.

Apsara-Tänzerinnen stellen Geschichten aus der kambodschanischen Sagenwelt dar

Hier wird bis in den Morgen getanzt (manchmal auf den Tischen) oder Billard gespielt *(ab 18 Uhr)*. Wenn Ihnen *Beer Girls* und Riesenleinwände mit aktuellen Sportberichten nicht zusagen, schauen Sie hier vorbei:

APSARA THEATRE ★ (135 C3) (*c3*)
Lust auf Kultur? Im Apsara-Theatre können Sie in einem großen Holzpavillon im traditionellen Stil bei Khmer-Gerichten die berühmten Apsara-Tänze genießen. *Show tgl. um 20 und 21.30 Uhr (1. Mai–15. Okt. nur Di, Do und Sa 19.30 Uhr) | ca. 16 Euro, Reservierung empfohlen | Wat Bo St., gegenüber Angkor Village Hotel | Tel. 063 96 35 61 | www.angkorvillage.com/theatre.php*.
Weitere preiswerte Shows finden Sie im *Butterfly Garden Restaurant (www.*

CAFÉ CENTRAL (135 B3) (*b3*)
In dem restaurierten Kolonialhaus gibt es für jeden Geschmack etwas (Salate, Suppen, Kuchen) – das ist auch das Motto der philippinischen Hausband. *Tgl. ab 7 Uhr, ab 21 Uhr Livekonzerte | nordwestliche Ecke gegenüber Phsar Chas*

INSIDER TIPP ▶ MISS WONG
(135 B3) (*b3*)
Als wäre man im alten Shanghai in einer winzigen, relaxten Opiumhöhle: Hier schmecken die Cocktails (bei etwas höheren Preisen) zwischen Ballonlampen, Kalligrafien und bronzenen Drachen. Der Gastwirt begrüßt jeden noch per Handschlag, zur Stärkung gibt es kleine Snacks wie *Dim Sum*. *Tgl. 17–1 Uhr | The Lane, Parallelgasse nördlich der Pub St.*

78 | 79

SIEM REAP

SORIA MORIA ROOFTOP BAR ☼
(135 C3) (*ω c3*)
Auf dem Dach können Sie sich bei einer lauen Brise zum Sonnenuntergang abkühlen oder mit Cocktail im himmlischen Sky-Jacuzzi vor sich hin blubbern. Happy Hour 17–20 Uhr (mittwochs alle Drinks und Tapas nicht mal 1 Euro!) Angesagte Khmer-Fusion-Küche, montags Movie-Night, freitags Gratis-Tanzshow mit den Kindern vom ☺ *Sangkheum Center for Children*. Übrigens auch wunderbare Zimmer (€€). *Wat Bo St. Ecke Street 24 | www.thesoriamoria.com*

THE RED PIANO (135 B3) (*ω b3*)
Sehen und gesehen werden, wo sich einst auch Angelina Jolie und ihre Filmcrew blicken ließen. Das war im Jahr 2000, aber der Service ist immer noch nett, die Preise für internationale Speisen und Getränke sind niedrig, und die Stimmung ist gut. Den besten Überblick beim Tomb-Raider-Cocktail aufs nächtliche Treiben gibt es von der ☼ Veranda im 1. Stock. *Tgl. ab 7 Uhr | Pub St. | Tel. 063 96 47 50 | www.redpianocambodia.com*

LOW BUDGET

▶ In *Chea´s Guesthouse* in Siem Reap (128 C3) (*ω F2*) wohnen Sie bei einem herzlichen deutsch-kambodschanischen Paar für 6–13 Euro in ordentlichen Zimmern (Sat.-TV) inklusive üppigen Frühstück und Gratisrädern *(18 Zi. | N 6, ca. 2 km östlich vom touristischen Stadtzentrum/ Alter Markt | Tel. 012 36 22 40 | www.cheas-guesthouse.com).*

▶ Im *Temple Club* in Seam Reap (135 B3) (*ω b3*) dauert die Happy Hour den ganzen Tag, und eine Gratis-Apsara-Tanzshow zieht die preisbewussten Massen zum Dinnerbuffet für ganze 4 Euro *(19.30–21.30 Uhr | Pub St. | Tel. 015 99 99 09)*. Eine weitere preiswerte Show gibt's im *Dead Fish Tower* auf der Sivatha St.

▶ Im *Khemara Hotel* (128 B4) (*ω F3*) in Battambang kostet ein komfortables Zimmer mit allen Schikanen und großem Pool unfassbare 11 Euro *(80 Zi. | Street 515, 2 km außerhalb | Tel. 053 73 78 78 | www.khemarahotel.com).*

ÜBERNACHTEN

ANGKOR STAR (135 B1) (*ω b1*)
Gut ausgestattet und zentral: Das kambodschanische Hotel bietet große und komfortable Zimmer (TV, Wlan, Minibar, Kaffee-Tee-Maschine, Safe sowie in der Preisklasse so gut wie nie vorhanden: Fön und Bügeleisen!) – und sogar einen Salzwasser-Pool mit Liegen im Garten. Nur das Frühstück könnte besser sein ... *60 Zi. | 54 Sivatha St. | Tel. 063 76 69 99 | www.angkorstarhotel.net | €€*

ANGKOR VILLAGE CULTURAL HOTEL
(135 C3) (*ω c3*)
Eine der herausragendsten Herbergen in Siem Reap: etwas eng stehende Cottages (€€€) im Khmer-Stil mit Pfostenbetten und liebevoller Deko in einer kleinen Garten-Oase und einige schöne „Budgetrooms" (€€). Kein TV, aber WiFi, Pool, Business Center und Kochkurse. *38 Zi. | Wat Bo St. | Tel. 063 96 33 61 | www.angkorvillage.com | €€–€€€*

JOURNEYS WITHIN –
BED & BREAKFAST (128 C3) (*ω F2*)
Schöne, familienfreundliche kleine Anlage mit zweistöckigen Bungalows in einem

ANGKOR & SIEM REAP

Eine Legende von Kolonialherberge: das Raffles Grand Hotel d'Angkor

großen Garten mit Pool, etwas abseits, aber dafür ruhig gelegen. Interessante Touren werden angeboten, außerdem ist ein Volunteer-Einsatz der Gäste in einem Nachbarschaftsprojekt möglich. *4 Zi. | an der N 6 Richtung Airport nach 4 km rechter Abzweig hinter dem Damnak-Angkor-Village-Hotel | Tel. 063 964748 | www.journeyswithin.com | €€–€€€*

LOTUS LODGE (128 C3) (*F2*)
Die sehr beliebte Anlage besteht aus eng stehenden Reihenzimmern zwischen Palmen, mit Sat.-TV, Miniterrasse und großem Pool am Restaurant. Zweimal tgl. Shuttlebusse ins Stadtzentrum (ca. 2 km), Billard. Wie wäre ein **INSIDER TIPP** romantisches Dinner auf dem alten Wasserturm mit Blick aufs beleuchtete Angkor Wat in der Ferne? *36 Zi. | Boeng Dounhpa Village, Slar-Kram-Commune | Tel. 063 966140 | www.lotus-lodge.com | €*

PALM VILLAGE RESORT & SPA (128 C3) (*F2*)
Etwas in die Jahre gekommene, idyllische Bungalowanlage auf dem Land nahe Angkor (nichts für sehr Pingelige): Die Bambushütten (mit Sat.-TV, Kühlschrank) verteilen sich in einem üppigen Garten zwischen Mangobäumen, Palmen und Frangipani, lichtdurchflutete Duschbäder, Pool und Gartenlokal, Aussichtssturm. *16 Zi. | Phum Trapaing Ses Village, an der N 6 Richtung Airport rechter Abzweig hinter dem Goldiana-Hotel | Tel. 063 964466 | www.palmvillage.com.kh | €€*

RAFFLES GRAND HOTEL D'ANGKOR
(135 C1) (*c1*)
Die Zeitreise beginnt bereits im lautlos schwebenden *Birdcage*-Aufzug: Hier logierten in den vergangenen 70 Jahren u. a. Sultane, Charlie Chaplin und Jacqueline Kennedy. Herrliche Balkonzimmer und Suiten im originalen Kolonialbau und im neuen, perfekt auf „kolonial" getrimmten Seitenflügel, gigantischer 35-m-Pool in tropischem Garten, elegantestes Restaurant in Siem Reap. Zum Nachmittagstee versammelt man sich im ● Café *The Conservatory* bei „high tea" und Pianoklängen. Auch originelle Honeymoon-Arrangements wie Massagen zu zweit, private Candlelight-Dinner im Tempel mit Apsara-Tanzshow und eigenem Butler oder in der wunderbaren Cabana-Suite mit „aphrodisischen Menüs". *120 ten, 2 Villen | Vithei Charles*

SIEM REAP

Tel. 063 96 38 88 | www.siemreap.raffles. com | €€€

SALINA HOTEL (135 A2) (*m a2*)
Alteingesessenes, zentrales und bei Reisegruppen beliebtes Mittelklassehotel mit gemütlichen Zimmern, Pool, Biergarten und Karaoke. *168 Zi. | 125 Taphul Village, zwischen Taphul St. und Psah Noe St. | Tel. 063 76 04 87 und 063 76 04 89 | www.salinahotel.net | €€*

SHADOW OF ANGKOR II
(135 C3) (*m c3*)
Mitten im Travellerzentrum: dreistöckiges Guesthouse unter kambodschanischer Leitung mit schönen Balkonzimmern (Sat.-TV) und überdachtem Minipool, Restaurant und Bar. *20 Zi. | Wat Bo St., an der Ecke zur Street 25 | Tel. 063 76 03 63 | www.shadowofangkor.com | €*

INSIDER TIPP SIEM REAP RIVERSIDE
(128 C3) (*m F2*)
Ein Schnäppchen: Das kleine Hotel am Fluss bietet ruhige, saubere, helle Zimmer mit Ventilator oder *aircondition*, teils Badewanne, Sat.-TV (Deutsche Welle/DW), Dachbar, kleines Lokal, gemütlicher Pool und Gratis-WLAN. Touren, Rabatt bei Internetbuchung. *4 Zi. | südliche Sivatha St., 350 m vom Alten Markt, nahe der Krokodilfarm | Tel. 063 76 02 77 und 012 51 70 00 | www. siemreapriverside.net | €*

VIROTH'S HOTEL (135 C3) (*m c3*)
Fast das gesamte, reduziert designte Mobiliar in dem weißen Minihotel im modernen Khmer-Architektur-Stil ist aus Naturstein (auch das Bett), helle Zimmer mit Terrasse oder Balkon, kleiner Salzwasserpool und gemütliche Dachterrasse mit Spa und Jacuzzi. *7 Zi. | Street 23, zwischen River St. und Wat Bo St. nahe Theachamrat St. | Mobil.* 012 77 80 96 | www.viroth-hotel.com | €€

ZIELE IN DER UMGEBUNG

PHNOM KROM (128 C3) (*m F3*)
Der rund 140 m hohe Phnom Krom beim Dorf Chong Khneas belohnt den Aufstieg über die Naga-Treppe am Abend mit einem idyllischen Sonnenuntergang, bei dem die Sonne die umliegende Wasserwelt wie Gold glitzern lässt. Yasovarman I. ließ hier zu Ehren der drei Hindugötter Shiva, Vishnu und Brahma im 10. Jh. einen Tempel errichten, dessen drei Sandsteintürme noch erhalten sind. *12 km südwestlich von Siem Reap*

PREK TOAL (128 C3) (*m F3*)
Ein Tagesausflug per Boot nach Prek Toal mit seinen „schwimmenden" Dörfern ist mit mehr als hundert hier lebenden Vogelarten nicht nur für Ornithologen interessant. In dem Vogelschutzgebiet (31 000 ha) tummeln sich u. a. bedrohte Störche, Silberreiher, Graupelikane, Sauruskraniche, Ibisse und Fischadler (beste Zeit: sehr früh morgens oder spätnachmittags von Dez./Jan.–Mai/Juni). *Infos:*

www.marcopolo.de/kambodscha

ANGKOR & SIEM REAP

Vogelschutzorganisation Sam Veasna im Wat Bo (www.samveasna.org) und Ökoveranstalter Osmose (Tagestour ca. 58 Euro | www.osmosetonlesap.net)

TONLE-SAP-SEE ★
(128–129 C–D 3–4) (*F–G3*)

Nach einer Radtour gen Süden entlang des Siem-Reap-Flusses mit seinen teils überdachten Holzbrücken und Wasserrädern, kleinen Dörfern und Pagoden unter Palmen, Stelzenlokalen über Reisfeldern und weiten Lotusteichen erreicht man nach 12 km den Tonle-Sap-See. Auf diesem gigantischen See, einem Biosphärenreservat, glitzert es während und nach der Regenzeit nass bis zum Horizont. Jedes Jahr, wenn der Flussriese die Monsunmassen und das Schmelzwasser des Himalaya nicht mehr halten kann, wechselt sein Nebenfluss Tonle Sap die Richtung (Juni und Ende Oktober) und fließt rückwärts in den Tonle-Sap-See. Der See wächst um ein normalerweise gut Fünffaches (von 2500 auf 12 000 km²). Das Naturwunder macht den Tonle Sap angeblich zum fischreichsten Binnensee der Welt. Mit Wurfnetzen, Bambusreusen und Fangkammern fischen die Kambodschaner hier die zehnfache Fangmenge der Nordsee. Zieht sich das Wasser in der Trockenzeit wieder zurück, folgen die Kambodschaner mit ihren Hausbooten in „schwimmenden" Dörfern. Ein Sprichwort besagt: *Mean toek, mean trey* (wo Wasser ist, sind Fische). Andere wohnen in Pfahlhaus-Siedlungen wie in *Chong Khneas* (8000 Ew.) und *Kampong Phluk* (3000 Ew.; beide in der Hochsaison überlaufen), wo sich die Häuser nach jahrtausendealter Methode wie mit einem Fahrstuhl dem Wasserstand anpassen – der Bambus-Fußboden wird einfach mit Seilen höher verankert. Weniger touristische Dörfer sind das eher ärmliche *Kampong Khleang* (ca. 50 km südöstlich von Siem Reap) mit seinen bis zu 10 m hohen Stelzen-Hochhäusern, was man in der Trockenzeit gut sehen kann, dann riecht es hier allerdings weniger gut … Bei organisierten Bootsfahrten bzw. Kajaktouren (am besten Aug.–Dez.) können Sie diese ● amphibische Welt aus „schwimmenden" Dörfern und Flutwäldern besuchen. *(Infos: S. 78 Touren oder www.journeyswithin.com | Tagestour ca. 32 Euro p. P.)*. Oder wie wäre ein Dinnercruise zum Sonnenuntergang mit dem *Tara Boat (www.taraboat.com)*?

Stelzenhäuser auf einem ganz speziellen Naturwunder – dem riesigen Tonle-Sap-See

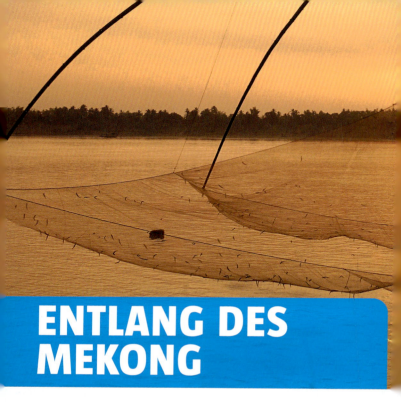

ENTLANG DES MEKONG

Am Mekong wartet eine Welt voller märchenhafter, fast surrealer Eindrücke: in der Regenzeit versunkene Wälder in einem Labyrinth aus Flussarmen und Inseln – und Fische, die um Baumkronen schwimmen. Staubig-rote Pisten beherrschen dagegen die jahrzehntelang isolierten Provinzen Ratanakiri und Mondulkiri im Landesosten.

Die Flussstädtchen Kratie und Stung Treng bezaubern durch ihr Provinzflair. Der Reiz liegt im gemächlichen Sichtreiben-lassen auf Booten und Märkten, Bekanntschaftmachen mit Fischern und Mönchen. Einen Eindruck vom ländlichen Alltag erlebt man bei Klosteraufenthalten oder *homestays*. Nahe Kratie tummeln sich die letzten Irrawaddy-Süßwasserdelphine Kambodschas.

Eine Reise nach Ratanakiri und Mondulkiri überrascht mit Naturschätzen und Minderheitenstämmen, die in manchen entlegenen Dörfern noch immer Lichtjahre entfernt vom modernen Kambodscha des 21. Jhs. leben. Ihre uralten Traditionen und ihr Besitz sind bedroht – ebenso wie der Lebensraum der letzten wilden Elefanten: In beiden Provinzen verlieren die Ethnien ihr Land an mächtige Spekulanten – für lukrative Edelsteinminen, Gummibaum- und Cashewnuss-Plantagen, für Kasinos und Golfplätze. Die Investoren sitzen in den Startlöchern. In Ratanakiri dreht sich alles um Gibbon-Spotting, aber auch die herrliche Landschaft um Mondulkiri mit Elefanten-Trekking und dem landesgrößten Wasserfall hat touristisches Potenzial.

Bild: Fischer auf dem Mekong

Ein gigantischer Fluss und ein rotes Land – abseits der Touristenströme finden Sie ursprüngliche Natur und alte Traditionen

BAN LUNG (RATANAKIRI)

(131 D2) (*K2*) **In der Provinz Ratanakiri im nordöstlichsten Landeswinkel siedeln zu 80 Prozent ethnische Minderheiten: die *Khmer Loeu*, die von ihren kargen Erträgen auf Reis- und Gemüsefeldern leben und teilweise noch die animistischen Traditionen ihrer Ahnen praktizieren.**

Von der staubigen Provinzhauptstadt Ban Lung (30 000 Ew.) zieht es abenteuersuchende Naturliebhaber auf Trekkingtouren in den dschungelhaften *Virachay-Nationalpark* oder zum Baden in den herrlichen *Vulkansee Yaklom* und unter imposante Wasserfällen.

Eines sollten Besucher der Gegend wissen: In Ratanakiri ist es entweder sehr trocken, sodass man ständig rostrot gepudert ist, oder so nass, dass man auf vielen Straßen im Schlamm versinkt (Trekking ist in der Regenzeit April/

BAN LUNG (RATANAKIRI)

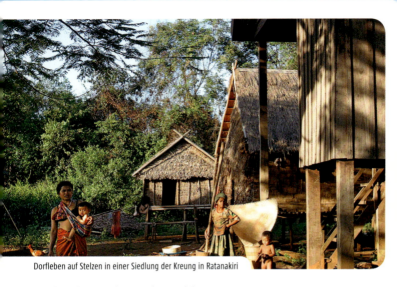

Dorfleben auf Stelzen in einer Siedlung der Kreung in Ratanakiri

Mai bis Oktober eher wenig empfehlenswert, Moto-Cross-Fahrer dagegen schwören auf die dann erst richtig „anspruchsvollen" Schlammpisten ...). Vom kambodschanischen Niemandsland können Sie Ihre Reise ins ca. 80 km entfernte Vietnam fortsetzen. Dann sollten Sie sich aber bereits vorher Ihr Visum besorgt haben.

ESSEN & TRINKEN

BOEUNG KAMSAN RESTAURANT
Am Kamsan-See gelegenes Open-Air-Terrassenlokal: Serviert werden Khmer-, Thai- und andere asiatische Speisen in drei Portionsgrößen. *Tgl. | an der Straße nach Voen Sai | €–€€*

GECKO HOUSE
Rustikales Bar-Lokal mit Rattanstühlen und Liegepodest: Asiatisches, Tofu-Burger und Spaghetti bei Heineken-Bier und guter Musik. *Tgl. | Parallelstraße südlich der N 78, Hauptstraße | €*

FREIZEIT & SPORT

KAJAKTOUREN
Sportliche paddeln mit dem Kajak auf dem *Tonle San* gegen leichte Stromschnellen bis zum *Friedhof der Tampuan* inklusive stärkendem Picknick auf der Sandbank *(Buchung z. B. über Terres Rouges Lodge).*

AM ABEND

RIK´S CAFÉ CAMBODGE
Relaxen in Rattan-Möbeln, bei guter Musik und tollem Panorama, viele Infos bei typischen Traveller-Gerichten, auch Frühstück gibt´s bis mittags. *Auf der „Pub Street", Parallelstraße zur N 78 neben Dutch Co Trekking-Agentur | €*

ÜBERNACHTEN

LAKESIDE HOTEL
Schönstes Seepanorama: Sechs ordentliche Zimmer (mit Sat.-TV) in

www.marcopolo.de/kambodscha

ENTLANG DES MEKONG

dem dreistöckigen Hotel haben einen Balkon zum See. *24 Zi. | am südwestlichen Ufer des Kanseng-Sees | Tel. 012 72 22 96 | €*

MOTEL PHNOM YAKLOM (MOUNTAIN TOP HOTEL)
Gepflegte, grüne Anlage auf einem Hügel: Motelzimmer und einige traditionelle Ziegel-Stelzenbungalows mit hellen Parkettzimmern und viel Holz, TV. Zum Sonnenuntergang INSIDER TIPP idyllischstes Panorama von der Veranda für Sunset Drinks oder auch Dinner. Ab und zu Folklore-Shows am Lagerfeuer. Gratis-Räder, Mopedverleih und Abholservice. *18 Zi. | Phnom Yaklom, ca. 1 km oberhalb des Yaklom-See, 5 km von Ban Lung | Tel. 012 68 88 87 und 011 67 77 71 | phnom yaklom.com | €–€€*

NORDEN HOUSE
Wohnen wie bei Ikea: skandinavisch-kambodschanisches Gästehaus mit sauberen Bungalows, Terrassen zum Garten (DVD, Ventilator, Strom 18–6 Uhr). Motorrad- und Trekkingtouren, Sauna! *6 Zi. | an der Straße zum Yaklom-See, 4 km östlich von Ban Lung | Mobil 012 88 03 27 | www.nordenhouseyaklom.com | €*

TERRES ROUGES LODGE
Stilvolle Gouverneursvilla aus Holz mit „antik" dekorierten Zimmern (teils Seeblick, Flach-TV), drei Luxusbungalows mit Open-Air-Bädern. Pool und Spa im Garten, sehr gutes internationales Restaurant *(€€)*. Rechtzeitig reservieren! *23 Zi. | am östlichen Ufer des Kanseng-Sees | Tel. 012 77 06 50 | www.ratanakiri-lodge.com | €€*

YAKLOM HILL LODGE
Einfache, etwas düstere Ökohütten, in der Regenzeit feucht, aber idyllischer und einsamer geht's nicht. ☺ Solarstrom 18–21 Uhr. Viele Toureninfos, Thai-Gartenlokal *(€)*, Spazierpfade auf den ✿ Aussichtshügel. *15 Zi. | 5 km östlich von Ban Lung, nahe Yaklom-See | Tel. 011 79 05 10 | www.yaklom.com | €*

ZIELE IN DER UMGEBUNG

KHMER-LOEU-DÖRFER
(131 D–E2) (∅ K–L2)
Ein Dutzend verschiedener Hochlandstämme lebt in Ratanakiri (ca. 60 000 Angehörige), z. B. die *Tampuan, Kreung, Jarai* und *Brou*. Hier stoßen moderne Zeiten auf teils noch archaischen Alltag und Traditionen wie Brandrodung und Jagd mit Giftpfeilen. Nahe Ban Lung trägt die modebewusste

---

⭐ Virachay-Nationalpark
Natur pur: Wasserfälle, Vulkanseen und alte Volksstämme in Ratanakiri → S. 89

⭐ Yaklom-See
Badespaß im Vulkansee bei Ban Lung → S. 90

⭐ Wat Sambour
„100-Säulen-Tempel" mit goldener Stupa bei Kratie → S. 92

⭐ Bou-Sra-Wasserfall
Ein Bad unter der landesweit höchsten Kaskade in Mondulkiri → S. 94

⭐ Stung Treng
Herrlich verschlafenes Flussstädtchen am Sekong und Mekong → S. 96

⭐ Mekong-Bootsfahrten
Von Stung Treng durch die Flutwälder bis nach Laos → S. 97

MARCO POLO HIGHLIGHTS

BAN LUNG (RATANAKIRI)

Angehörige der Hochlandstämme sind gegenüber Fremden scheu

Khmer-Loeu-Frau jedoch heutzutage Sarong mit Oberteil oder wenigstens Büstenhalter, und nur noch wenige ältere Brou-Frauen sind an den Tätowierungen im Gesicht und an ihren schweren Ohrringen zu erkennen. Der Glaube an Wasser-, Feuer- und Waldgeister sowie Wasserbüffelopfer und Ahnenkult sind noch verbreitet. Man schläft z. B. mit dem Kopf nach Osten, und auch die Reisweinkrüge, der Schatz eines jeden Hauses, werden in der östlichen Ecke des Hauses deponiert, weil im Osten die Geister wohnen. Die traditionellen Bambushäuser werden allmählich von den Khmer-typischen Stelzenhütten oder Steinhäusern verdrängt. Auffallend in den Kreung-Dörfern sind die fragil wirkenden „Boys"-Hütten auf bis 5 m hohen Pfählen *(nur Nov.–April)* und die kleineren „Girls"-Hütten, in denen sich Jungen und Mädchen in der Pubertät treffen (auch am Yaklom-See stehen Modelle dieser „Flirt"-Hütten). Gegenüber Fremden sind die Kreung sehr scheu: Bitte die Kinder keinesfalls fotografieren – sie glauben, ihr Geist wird auf einem Foto gefangen!

INSIDER TIPP **Empfehlenswerte Dörfer** für Tagesausflüge sind für die Kreung-Kultur z. B. *Krala* und *Kres* (Poi-Gemeinde) sowie *La Ak* (Ochum-Bezirk), die Tampuan-Dörfer *La En Kraen* und *Katae* mit erhaltenen Langhäusern auf Stelzen *(60 km nordöstlich bei Andong Meas)* sowie die Jarai-Häuser in *Borkeo*. Touren organisiert die holländisch-kambodschanische Agentur DutchCo Trekking Tours von Rik und Ivonne, die auch Kanutouren anbieten *(3-Tages-Trek ab 73 Euro p. P. | Parallelstraße südlich der N78/Hauptstraße | Tel. 097 6 79 27 14 | www.trekkingcambodia.com)*.

TAMPUAN-FRIEDHOF
Die Jarai und Tampuan sind bekannt für ihre Beerdigungsrituale. Der Besuch auf einem für Touristen zugänglichen Tampuan-Friedhof ist nichts für Zartbesaitete. Bei der *Kap Krabei Pheok-Sra*-Zeremonie werden Wasserbüffel geschlachtet. Und so hängen an den überwucherten Grabstätten zwischen bunten Holzstatuen (die meist den Beruf des Verstorbenen darstellen), hölzernen Elefantenstoßzäh-

www.marcopolo.de/kambodscha

ENTLANG DES MEKONG

nen und Beigaben wie Reiskörben, Fischreusen und Gongs auch der eine oder andere Büffelkopf und Büffelhäute. Ein sehenswerter Friedhof liegt etwa 40 km nordwestlich von Ban Lung, gegenüber dem Dorf *Kachon (Buchung Halbtages-Touren mit Bootsfahrt auf dem Tonle San über die Hotels | Eintritt ca. 1 Euro).*

VIRACHAY-NATIONALPARK ★
(131 D–E 1–2) (K–L 1–2)
Morgens rufen die Gibbons, nachts zirpen die Grillen, während man in der Hängematte unterm Sternenhimmel baumelt. Über Hängebrücken oder per Kajak und Floß geht es durch den Dschungel und über Flüsse mit „Apocalypse-now"-Atmosphäre nahe dem einstigen Ho-Chi-Minh-Pfad und in abgelegene Khmer-Loeu-Dörfer – die Trekkingtouren durch den Virachay-Nationalpark *(ca. 50 km nördlich von Ban Lung)* verheißen intensive Naturerlebnisse und Abenteuer. Der Nationalpark ist der landesweit größte (3325 km²), bestehend aus dichten Wäldern und Grassavanne, höchste Erhebung ist der *Phnom Yak Youk* (1500 m). Auf einem einwöchigen Trek durch die abgelegene *Phnom Veal Thom Wilderness* besteht die beste Chance, Sambar-Wild und Muntiak-Hirschen, Gibbons, seltenen Douc-Languren sowie Nashornvögeln zu begegnen. Tiger, Elefanten oder das Kouprey-Wildrind lassen sich eher selten blicken. Angenehmste Trekkingzeit: Dez.–Mai, unbedingt an Malariaschutz denken (Mückenlotion, langärmelige helle Kleidung, Notfallmedikament) und keinesfalls Metallgegenstände anfassen – es könnten Bombenreste sein! *(Eine Vier-Tages-Tour kostet zu zweit ca. 100 Euro p. P. Nationalpark-Büro: Mo–Fr 8–12 und 14–17 Uhr | südöstlich vom Kanseng-See in Ban Lung, an der N 78 bei der Post nach Norden/links abbiegen | Ranger Thon Soukhon (englisch) | Mobil. 012 36 36 89 (Mr. Chou Sophark) | Infos über Trekkingtouren, Preise etc.: viracheyecotourism. blogspot.com).*

WASSERFÄLLE/ELEFANTENREITEN ●
(131 D2) (K2)
Der 10 m hohe *Katieng-Wasserfall* mit Badepools beeindruckt weniger durch seine Höhe als durch die Möglichkeit, sich seiner Kaskade auf dem Rücken eines Elefanten zu nähern *(ab dem Dorf Kateung | 1 Std. Reiten kostet ca. 8 Euro | 7–17 Uhr | ca. 6 km westlich von Ban Lung).* Am schönsten ist der 20 m hohe *Kachang (ca. 500 m hinter dem Katieng-Wasserfall),* wo sich die Khmer vor allem an Wochenenden beim Duschen und Baden im großen Naturpool vergnügen. Mit romantischer Kaskade rauscht der 20 m hohe *Cha Ong* abwärts – hier kann man hinter dem Wasserschleier

Gibbons sind oft weithin durch den Dschungel zu hören

picknicken, Reiswein trinken oder an der steilen Treppe zum Badepool hinabklettern *(ca. 7 km westlich von Ban Lung)*. Auf dem Weg zurück erklimmen Sie den kleinen ⚶ Tempelberg *Eisey Patamak* (auch: *Phnom Svay*) mit dem *Wat Aran* und seinem liegenden Buddha, besonders zum Sonnenuntergang mit herrlichem Ausblick auf Ban Lung *(ca. 1 km westlich von Ban Lung an der N 78)*.

YAKLOM-SEE ★ (131 D2) (*⊓ K2*)

Der Boeung Yaklom ist ein kreisrunder, blauer See vulkanischen Ursprungs, der in einer dicht bewaldeten Idylle liegt. Von drei Plattformen kann man ein Bad nehmen (angesichts der hier – züchtig gekleidet – badenden und picknickenden Khmer sollten Frauen im Sarong bzw. in Shorts und T-Shirt baden). Ein Weg führt nach rechts zum kleinen *Cultural and Environmental Center* mit Ausstellung, Alltagsgegenständen der Jarai und Tampuan und Souvenirstand. *7–17.30 Uhr | Eintritt 0,50 Euro | ca. 5 km östlich von Ban Lung | Schwimmwesten auch in Kindergröße vorhanden | Imbissstände*

KRATIE

(130 C5) (*⊓ J4*) Das Städtchen Kratie (sprich: *Kratschä*; ca. 80 000 Ew.) vermittelt einen typischen Eindruck vom Alltag am Mekong – mit geschäftigem Treiben zwischen Hafen, Märkten und Kolonialbauten.

An der Uferpromenade können Sie auf Bänken unter den Baumriesen den Sonnenuntergang genießen – vielleicht bei einer Nudelsuppe *num ban jork* aus einer der Garküchen? Außer den zahlreichen Tierstatuen hat Kratie nicht sehr viele Sehenswürdigkeiten. Die meisten Besucher kommen wegen der ● seltenen Mekong-Delphine in diese Gegend.

SEHENSWERTES

WAT ROKA KANDAL

Die hübsche Pagode des mehr als 100 Jahre alten Wat Roka Kandal ist eine der letzten in Kratie erhaltenen mit Holz- und Ziegeldach sowie Fresken. Im Innern wird zwischen verzierten Säulen Kunsthandwerk verkauft, vor allem Korb- und Töpferwaren sowie Seide. *Tgl. 8–17 Uhr (die Pagode kann evtl. geschlossen sein) | etwa 2 km südlich des Zentrums am Fluss | Tel. Info: Guide Mr. Sothea (Tel. 011 55 40 56)*

ESSEN & TRINKEN

LE BUNGALOW

Das derzeit beste Lokal: französische Küche, Pizza, Khmer-Klassiker, gute Weinkarte und Cocktails. In der Villa sind auch einige gestylte Zimmer *(€€)* zu mieten. *Uferstraße | Tel. 089 75 80 90 | €€*

RED SUN FALLING

Joe verwöhnt seine Gäste nahe dem Ufer mit westlichen und einheimischen Gerichten sowie Gebäck und einer großen Auswahl an Alkoholika. *Uferstraße im Zentrum | Tel. 011 28 58 00 | €*

STAR RESTAURANT

Beliebter Treffpunkt von Backpackern, das Essen ist gut und reichhaltig von Salaten über Sandwich bis Bratreis und Curries. Gute Auswahl an Alkoholika. *Südseite vom Markt | Tel. 012 75 34 01 | €*

FREIZEIT & SPORT

RADTOUR AUF KOH TRONG

Eine abwechslungsreiche 9-km-Radtour auf der INSIDER TIPP ▶ Flussinsel Koh Trong: Der Rundweg verläuft entlang eines „schwimmenden" Dorfes mit vietnamesischen Fischerfamilien, Stupas und Klöstern wie dem *Wat Tov Te Ang*, einem chine-

ENTLANG DES MEKONG

sischen Friedhof und Gärten. *Regelmäßige Fähren ab Night Market oder Boots-Charter ab dem Pier in Kratie (ca. 1,50 Euro) | Homestay-Info für Koh Trong: Tel. in Kratie c/o KAFDOC 011 55 40 56 und 012 91 96 13 (Guide), Tel. in Phnom Penh 023 35 72 30 | www.ccben.org, www.mekongdiscoverytrail.com und www.crdt.org.kh*

ÜBERNACHTEN

SALA KOH TRONG
Hier wohnen Sie mitten auf dem Fluss auf einer kleinen Insel. Das Stelzenhaus mit eigenem Lokal (Halbpension) beherbergt seine Gäste in nett dekorierten Zimmern mit schlichtem Holzmobiliar (im 1. Stock Gemeinschaftsbad, unten Privatbad). Strom 18–23 Uhr. Außerdem zehn luxuriöse Pfahlbungalows nebenan sowie ein Pool. *15 Zi. | Koh Trong (Insel) | Tel. 012 77 01 50 | www.kohtrong.com | €–€€*

SANTEPHEAP HOTEL
Großes Khmer-Hotel mit ordentlichen Zimmern, teils Flussblick, gutes Restaurant *(€)*. *40 Zi. | Uferstraße | Tel. 072 97 15 37 | €–€€*

ZIELE IN DER UMGEBUNG

IRRAWADDY-DELPHINE
(130 C4) (*J3*)
Die etwa 85 letzten kambodschanischen Süßwasserdelphine *(Orcaella brevirostris)* versammeln sich in der Trockenzeit in den verbleibenden tiefen Becken im Mekong. Bekanntester Aussichtspunkt mit Bootstouren ist Kampi – wenn überhaupt, ist jedoch nur kurz der Kopf einzelner Tiere zu sehen. Bitten Sie die Bootsführer den Motor auszustellen, sobald die Becken erreicht sind – sonst ist hier bald gar nichts mehr zu sehen (vor allem an Feiertagen herrscht ein unglaublicher Andrang in den zahllosen Stelzenlokalen direkt auf dem Mekong an den 1 km nördlich gelegenen Kampi-Stromschnellen). Wer den die Delphine störenden Bootsrummel nicht unterstützen möchte, kann ebenso mit einem Fernglas von der Kampi-Plattform aus versuchen, die seltenen Tiere zu erspähen, am besten Dezember bis Mai ganz früh morgens oder am späten Nachmittag. Die Delphine werden weiterhin bedroht durch Fischen mit Dynamit,

Die Irrawaddy-Süßwasserdelphine sind nur noch mit Glück vor Kratie zu sehen

KRATIE

Elektroschocks und flussbreiten Schleppnetzen sowie durch Pestizide und Staudammbau. *Boot für 2 Personen (1 Std.): 7 Euro p. P. | 15 km nördlich von Kratie | www.mekong-dolphin.com*
INSIDER TIPP Weitere Orte für Delphinbeobachtung: *Koh Phdau* (ca. 50 km nördlich von Kratie), *Damrei Phong, Koh Krouch* und *Kroh Preah* (12 bzw. 20 km

Einer der größten Tempel Kambodschas: der Wat Sambour

südlich von Stung Treng), *Anlong Cheuteal* (mit Booten) und *Anlong Svay* an der laotischen Grenze.

WAT SAMBOK ● (130 C4) (𝄞 J3)

Der Wat Sambok thront mit zwei kleinen Pagoden auf dem gleichnamigen Hügel, auf den 160 steile, von *krak*-Wächtern bewachte Stufen führt. In einem offenen Pavillon auf dem Bergkamm kann man neben Bildern aus Buddhas Dasein ebenso bunte wie sadistische Horrorszenarien aus der Hölle betrachten. Von der rechten, höher gelegenen ☼ Pagode (weitere 200 Stufen) bietet sich ein fantastisches 360-Grad-Panorama auf die umliegenden Reisfelder sowie Kratie und den Mekong. *Etwa 9 km nördlich von Kratie*

WAT SAMBOUR ★ (130 C4) (𝄞 J3)

Einer der größten und modernsten Tempel im Lande: Der Wat Sambour (auch: *Sorsor Moi Roi*) wurde 1997 wiederaufgebaut, nachdem die Roten Khmer das mehr als 400 Jahre alte Kloster zerstört hatten. Es wird auch das „100-Säulen-Kloster" genannt; heute tragen insgesamt 116 Säulen die Vihara. Erhalten ist die goldene *Königliche Stupa* (angeblich 1529 erbaut), die der Legende nach die Asche einer Prinzessin enthält. *35 km nördlich von Kratie.*
INSIDER TIPP Klosteraufenthalte sind im *Wat Sambok* (nur Frauen) und im *Wat Sambour* gegen Spende möglich, allerdings sind diese Angebote eher für ernsthaft interessierte und erfahrene Buddhisten gedacht (*Info Wat Sambok: Vipassana Dhura Meditation Center: phnomsambok.blogspot.com/2010/11/ wat-phnom-samboks-views-kratie-province.html, Info Wat Sambour: Tel. 011 76 88 47 und 011 71 63 11 oder in den Hotels*). Ein *homestay* ist zudem möglich bei Familien auf der ca. 10 km nördlich gelegenen Mekonginsel *Koh Phdau (2 Euro*

www.marcopolo.de/kambodscha

ENTLANG DES MEKONG

p. P.; sehr einfach ohne viel Privatsphäre | vor Ort: Tel. Mr. Sok Sim 099 54 62 53 und 011 70 93 29 | www.ccben.org | in Phnom Penh Tel. 023 35 72 30 | www.crdt.org.kh), mit Delphinbeobachtung und Ochsenkarrentour (Info: Tel. 099 83 43 54 | www.crdt.org.kh).

SEN MONO-ROM (MON-DULKIRI)

(131 E5) (⊞ K4) Mondulkiri ist eine der landschaftlich reizvollsten, aber auch abgelegensten und ärmsten Regionen in Kambodscha.

Die wenig besuchte, riesige Provinz fasziniert erst mit einer holprigen Fahrt entlang der Dipterocarpen-Baumriesen durch dichten Urwald, der auf 900 m einer sanft auf- und abrollenden Hügellandschaft aus Kiefernwäldern und Grasland weicht. Strom gibt es erst seit 2008 in Sen Monorom (ca. 20 000 Ew.), der verschlafenen Provinzkapitale ohne viele Sehenswürdigkeiten. Auf dem Rücken von ehemaligen Arbeitselefanten geht es zu Wasserfällen und Dörfern der Hochländer, vorwiegend den *Phnong*.

ESSEN & TRINKEN

BANANAS
Bei der Deutsch-Holländerin Tanya wird deftige Hausmannskost im Gartenlokal serviert: Rindfleisch in Bier, Schweinerippchen mit Sauerkraut und Chateaubriand. *Einige 100 m nordöstlich der Hauptstraße | Tel. 092 41 26 80 | €–€€*

KHMER KITCHEN
Man sitzt zwischen Pflanzen im Hof bei einem ebenso bunten wie internationalen Speisemix aus Amok, Burritos, Spaghetti und Pancakes, Spezialität: Cambodian Barbeque. *An der Hauptstraße neben dem Sovann Kiri Guesthouse | €*

EINKAUFEN

MIDDLE OF SOMEWHERE
Bill verkauft aus seinem *Village Focus Project* in dem kleinen Café Textilien, Korbwaren und Kaffee der *Phnong*, die hier auch als Guides ausgebildet werden *(ca. 18 Euro/Tag)*. *An der Hauptstraße gegenüber Holiday Guesthouse | Tel. 012 47 48 79 | www.bunongcenter.org*

ÜBERNACHTEN

MONDULKIRI HOTEL
Mondulkiris erstes „Luxushotel": Die beiden Holzbungalows (Sat.-TV, Kühlschrank) sind für Naturliebhaber durchaus empfehlenswert, wenn auch maßlos überteuert (Discount möglich).

LOW BUDGET

▶ Im *Lakeside Chheng Lok* in Ban Lung **(131 D2) (⊞ K2)** sind die hellen Eckzimmer *(8–11 Euro)* und die fünf Bungalows im Garten *(15 Euro)* mit Seeblick zu empfehlen, aber die Ventilator-Reihenzimmer zur (ruhigen) Straße sind unschlagbar preiswert: nicht einmal 4 Euro! *41 Zi. | am Kanseng-See | Tel. 012 95 74 22*

▶ Sparsame Kaltduscher wohnen in *Stung Treng* **(130 J2) (⊞ J2)** im freundlichen *Ly Ly Guesthouse* teils sogar mit Balkon und Sat.-TV für 5–12 Euro. *25 Zi. | an der Ostseite des Markts | Tel. 012 93 78 59*

SEN MONOROM (MONDULKIRI)

Gutes preiswertes Lokal *(€). 50 Zi. | an der Hauptstraße am Hospital links abbiegen | Tel. 012 77 70 57 | www. mondulkiri-hotel.com | €€*

NATURE LODGE ☘
Eine freundliche Ökoherberge mit vielen Katzen, Hühnern und Ponys: sehr einfache Pfahlhütten mit Open-Air-Bad (Heißwasser) und schönem Panorama durch die Glasschiebetüren und von der Veranda. *15 Zi. | ca. 2 km nordöstlich der Hauptstraße, am Hospital rechts abbiegen | Tel. 012 23 02 72 | www. naturelodgecambodia.com | €*

ZIELE IN DER UMGEBUNG

BOU-SRA-WASSERFALL ⭐
(131 E5) *(ᗰ L3)*
Der landesgrößte Wasserfall rauscht in zwei imposanten Stufen (20 und 30 m) abwärts – mitten im Dschungel in einen romantischen Jurassic-Park-Naturpool (man muss den Bach am Parkplatz überqueren zur steilen Treppe auf der anderen Seite der Kaskade). Es gibt Essstände. *Eintritt 1 Euro | 37 km östlich von Sen Monorom, teils schlechte Piste*

INSIDER TIPP ▶ ELEPHANT VALLEY PROJECT ☘ (131 E5) *(ᗰ K4)*
In dem Elefantencamp haben eine alte und verletzte Arbeitselefanten ein Asyl gefunden. Allein die Aussicht auf das mit dichtem Dschungel bewachsene Tal mit den Dickhäutern ist die beschwerlich-holprige Anreise in das Phnong-Dorf wert. Klären Sie vorher, ob ausreichend Elefanten für jeden Teilnehmer eines Ausritts durch den Urwald vorhanden sind (derzeit neun Dickhäuter). Unterbringung möglich in vier originellen, traditionellen Phnong-Nachbauten mit tiefem Palmstrohdach, Terrakottaböden, dekoriert mit alten Truhen und Elefantenfotos, Heißwasserdusche – die schönste Unterkunft in Mondulkiri! Daneben noch einige billigere Backpacker-Unterkünfte *(Tel. 012 22 82 19 (9–17 Uhr) | www.ele phantvalleyproject.org | beides €). Ein Tag Elefantenreiten oder Elefantenführerkurs mit oder ohne Übernachtung: 37 Euro p. P. (Kinder 18 Euro) | Pon Trom Village (auch: Poutrou) | ca. 10 km westlich von Sen Monorom*

PHNONG-DORF PUTANG
(131 E5) *(ᗰ K4)*
In einigen Dörfern der Phnong (auch *Bunong*), seit Generationen traditionelle Elefantenzüchter, stehen ebenfalls Dickhäuter für Ausritte mit Mahouts bereit, beispielsweise in Putang. Man sollte keine allzu großen Erwartungen haben: Auch hier stehen nur noch wenige traditionelle Häuser mit den markanten, tief heruntergezogenen Palmstrohdächern, und man munkelt, die Frauen schmücken sich schnell mit den schweren Ohrringen, wenn die Touristen anreisen ... Kommen Sie mittels eines der Phnong-Sprache mächtigen Guides mit den Dorfältesten ins Gespräch, erfahren Sie jedoch manche interessante Details über alte Traditionen wie Zähnespitzen, Animismus, Musik und Heilmittel. *Ausritte 8–15 Uhr | fünfstündiger Elefantenritt ca. 15 Euro p. P. | ca. 12 km südwestlich von Sen Monorom, am besten mit Guide*

INSIDER TIPP ▶ SREPOK WILDERNESS
(131 E4) *(ᗰ K–L3)*
Die Srepok Wilderness – eines der letzten riesigen, (fast) unbewohnten Gebiete in Süstoastasien – lockt Abenteuersuchende und Ornithologen bei mehrtägigen Touren zu Fuß, Kajak, Montainbikes oder auf dem Elefanten in die Region nördlich von Sen Monorom: mit Kaskaden, Höhlen und seltenem Wildlife. Ökotourimus steckt zwar noch

www.marcopolo.de/kambodscha

ENTLANG DES MEKONG

in den Kinderschuhen bzw. in der „Pilotphase", aber eine Trekking-Lodge ist vom WWF geplant.
Den *Srepok River Discovery Trail* (1,5 km) nahe Sen Monorom können Sie bereits WWF *(46 km nördlich von Sen Monorom auf der N76)*. Abenteuerlustige können am Alltagsleben des Dorfes teilnehmen, etwa bei Webarbeiten zuschauen, in Flüssen baden (und

Phnong-Dorf Putang: Diese Familie wohnt in einem der traditionell errichteten Häuser

erkunden, am besten mit einer WWF-Broschüre als Anleitung zum Erspähen von Adlern oder dem auffälligen Indian Roller *(Coracias beghalensis)*, Termiten, Stachelschweinen und Affen. Am Flussufer tummeln sich Eisvögel, Schildkröten, Otter, und vielleicht erblicken Sie sogar ein Siamesisches Krokodil. Da sich viele Tiere wie Sambar- oder Muntjak-Rehwild nur in der Dämmerung oder nachts blicken lassen, sollten Sie nach den spezifischen Wildtierspuren und Fährten suchen oder die typischen Rufe aus der Ferne identifizieren.
Zwischen dem *Phnom Prich Wildlife Sanctuary* (2250 km²) und dem unter Naturschutz stehenden *Mondulkiri Forest* (4000 km²) liegt das 🌿 *Dei Ey Community Homestay*-Projekt vom sich waschen, Frauen bitte nur im Sarong!), mit den Phnong abends Reiswein schlürfen und in spartanischen Unterkünften oder am O´Chbar-Fluss im WWF-Camp unter freiem Himmel in Hängematten übernachten. Bei bis zu dreitägigen Touren besteht die Chance auf eine Begegnung mit den Wildrindern Gaur und Banteng, mit der größten wilden Elefantenherde in Kambodscha oder dem vom Aussterben bedrohten Südlichen Gelbwangen-Schopfgibbon *(Nomascus gabriellae)*. Die wenigen scheuen Leoparden lassen sich eher nachts blicken (2007 tappte erstmals eine Leoparden-Mutter mit ihrem Jungen in eine „Fotofalle" in der Srepok Wilderness, auch ein Tiger wurde vor Jahren von Rangern gese-

94 | 95

STUNG TRENG

hen und fotografiert). *Infos: WWF-Büro an der Hauptstraße in Sen Monorom | Tel. 073 6 90 00 96 und 012 46 63 43 | www.mondulkiritourism.org oder im Greenhouse Restaurant & Bar bei Mr. Sam Nang | Tel. 017 90 56 59 | www.greenhouse-tour.blogspot.com (auch Motorradtouren) oder beim Tourguide Vanny | Tel. 011 35 18 41 | tuonvanny@gmail.com*

STUNG TRENG

(130 C3) *(⊞ J2)* ⭐ **Ein kleines Juwel am Zusammenfluss von Mekong und Sekong: Die Provinzhauptstadt Stung Treng (40 000 Ew.) nahe der laotischen Grenze lassen die meisten eiligen Reisenden auf ihrer Fahrt ins Nachbarland links liegen.**

Dabei könnten sie in dem charmanten Ort die idyllischsten Seiten Kambodschas erleben – etwa bei Radtouren entlang der Uferstraße mit alten Holzhäusern unter Palmen und Bambushainen, in *homestays* bei Bauern oder bei Kajaktouren und Bootsfahrten auf dem Mekong zu Fischerdörfern und durch verwunschene Flutwälder. Wer weiß, wie lange hier die Idylle noch anhält – denn die Brücke über den Sekong ist seit 2008 eröffnet, und das beschauliche Stung Treng soll zum Drehkreuz zwischen China, Laos, Vietnam und Thailand werden.

SEHENSWERTES

WAT KHAT TAKYARAM

Das schönste der drei Klöster an der Uferstraße ist der Wat Khat Takyaram (auch: *Wat Kandal*) mit prächtigen Grab-Stupas und einer zierlichen, mit Wandbildern bemalten Pagode auf zwei Etagen: vor-

ne friedliche Szenen aus Buddhas Leben, im hinteren Bereich Folterszenen aus der Hölle. *Etwas östlich vom Gold River Hotel*

ESSEN & TRINKEN

Der Nightmarket am Markt sowie die Suppenküchen am Sekong-Ufer bieten einheimische Kost zu sensationellen Preisen. Unterwegs als Imbiss: Manche Dörfer in der Umgebung haben sich auf „krolan" spezialisiert, ein asientypischer Snack aus Klebreis mit Kokosmilch und Sojabohnen in Bambusröhren. Oder Probieren Sie die mit Bananenblättern und Klebreis „ummantelten" süßen Bananen vom Grill, oder wer´s wagt: die kleinen *nhem*-Pakete (roher pikant gewürzter Fisch in Bananenblättern).

RIVERSIDE

Treffpunkt aller Besucher, ob Rucksack- oder Kulturreisende: In diesem Lokal sorgt der umtriebige Mr. Thea für Traveltipps, einheimische und westliche Gerichte, auch Frühstück und Fahrräder. *Nahe der Uferstraße hinter Tankstelle und Bushaltestelle | Tel. 011 60 03 81 und 012 49 03 33 | €*

SOUN THA

Großes, bei Einheimischen beliebtes Lokal mit englischer Speisekarte und vielen leckeren Gerichten (keiner spricht englisch, zur Not geht's mit hilfsbereiten englisch sprechenden Khmer vom Nachbartisch weiter). *Street 63 (N 7), ein paar Schritte südlich vom Markt | €*

AM ABEND

Wie wäre es mit einem ☼ **INSIDER TIPP** **Abstecher zum Sunsetpoint** am *Wat Thom Raing Sey*, wo sich Mekong und Sekong vereinen – bei idyllisch-meditativer Atmosphäre, wenn die Mönche ihre Pali-

www.marcopolo.de/kambodscha

ENTLANG DES MEKONG

Gebete anstimmen, während die Sonne glutrot im Mekong versinkt? So müssen Orte der Erleuchtung aussehen! *Etwa 3 km westlich des Zentrums*

ÜBERNACHTEN

GOLDEN RIVER HOTEL (TONLE MEAH) 🌿

Bestes Haus vor Ort mit komfortablen Zimmern auf drei Etagen (Badewanne, Sat.-TV, Kühlschrank) und Flussblick. Leider kein Restaurant, Frühstück gibt's beim Riverside Guesthouse ca. 200 m westlich. *36 Zi. | an der Uferstraße | Tel. 012 98 06 78 | www.goldenriverhotel.com | €*

ZIELE IN DER UMGEBUNG

MEKONG BLUE (130 C3) (*J2*)

In dem Ausbildungsprojekt können Besucher den rund 60 Frauen beim Seidenweben über die Schulter schauen und die Seidenwaren kaufen. Galerie und Restaurant *(€)* mit Khmer-Gerichten *(zum Essen am besten mit Anmeldung: Tel. 074 97 39 77 und 012 62 20 96)*. *Mo–Sa 7.30–11.30, 14–17 Uhr, Lokal 7.30–10 Uhr | Sre Po Village | ca. 2 km östlich der Sekong-Brücke | www.mekongblue.com*

RAMSAR WETLANDS/MEKONG-BOOTSFAHRTEN ★ ●
(130 C2–3) (*J2*)

Eine spannende Bootsfahrt auf dem Mekong führt nach der Regenzeit ab Oktober durch überflutete Wälder wie die Ramsar Wetlands mit Reihern, schillernden Eisvögeln und Myriaden von faustgroßen Schmetterlingen. Auf jeden Fall lohnend ist ein Ausflug an die laotische Grenze, vorbei an ursprünglichen Fischersiedlungen, zu den *Khone-Phapheng-Fällen* im Grenzgebiet (auch: *Son Phammit*), den mit 14 km breitesten Wasserfällen in Asien. Herrliche Aussicht bietet hier der 🌿 *Phnom Bong Khouy*, möglich sind *homestays* im Dorf *O'Svay* nahe der Grenze mit Bootsausflügen zu den Süßwasserdelphinen bei *Anlong Cheuteal*. Der Grenzübergang ist bei *Dom Kalor*, 55 km nördlich von Stung Treng. Sie können ein Fischerboot am Pier in Stung Treng für eine Tagestour chartern, der Preis ist Verhandlungssache *(slow boat ca. 60 Euro)*. *Homestay-Infos: Tel. 074 97 38 58 | www.cepa-cambodia.org, www.ccben.org oder Mr. Thea vom Riverside Guesthouse oder Richie's Restaurant sowie www.mekongdiscoverytrail.com.* Bei Grenzübertritt vorher Visum für Laos besorgen!

Der Mekong an der Grenze zu Laos lädt zu Bootsausflügen ein

AUSFLÜGE & TOUREN

Die Touren sind im Reiseatlas, in der Faltkarte und auf dem hinteren Umschlag grün markiert

1 BADEN UND INSELHÜPFEN, MEERESFRÜCHTE UND TEMPELBERGE

Viele Kambodschaner zieht es am Wochenende aus dem verkehrsgeplagten Phnom Penh an die Küste. Doch nur zum Baden und Inselhüpfen ist der Süden Kambodschas zu schade, denn die Provinzen bergen reiche Schätze: Nationalparks im Dschungel mit Wildtieren und Wasserfällen, Fischerdörfer und Tempelberge. Die 620 km lange Mietwagentour mit Zoobesuch, „Dinosaurier-Park" und jeder Menge Action ist gut für Familien mit Kindern geeignet. Planen Sie eine Woche ein.
Auf der N 4 geht es von **Phnom Penh** → S. 40 Richtung Südwesten entlang von Reisfeldern, Marktflecken und den Cardamom-Bergen in der Ferne. Nach 88 km sollte Ihr Fahrer im Dorf Treng Trayeung dem westlichen 8-km-Abzweig zum Preah-Suramarith-Kossamak-Nationalpark folgen, besser bekannt als **Kirirom-Nationalpark** mit Kiefernwald, einigen Wasserfällen – etwa der ca. 30 m hohen Chambok-Kaskade – Fledermaushöhlen und angenehmem Klima auf rund 700 m sowie Öko-*homestays (Tel. 012 29 28 76 und in Phnom Penh 023 35 72 30 | www.ccben.org und crdt.org.kh | € | Eintritt 4 Euro)*. Zum Erkunden des Naturparks eignet sich das *Kirirom Hillside Resort* mit komfortablen Blockhütten und Pool in einem Park, in dem „Dinosaurier", Ponys und Kajaks bereitstehen *(am Parkeingang | Tel. 016 59 09 99 | www.kiriromresort.com | €€)*.

Bild: Strand bei Sihanoukville

Ausflüge in Kambodschas Natur und Kultur – an die Küste im Süden oder auf den Spuren der alten Herrscher in Angkor im Norden

Zurück auf der N 4 können Sie nach ca. 20 km auf dem **Pich-Nil-Pass** zwischen Cardamom- und Elefantenbergen den ● INSIDER TIPP weiblichen Schutzgeist **Ya Mao** um Beistand für die weitere Reise bitten – einfach drei Räucherstäbchen an einem der unzähligen Schreine anzünden und eine 1000-Riel-Note in die Spendenbox geben. Die Landschaft wird nun tropischer mit Kokos- und Zuckerpalmen sowie Ölpalm-Plantagen. In Chamkar Luang führt der rechte Abzweig über eine nagelneue Straße nach **Koh Kong** → S. 54 und Thailand, links zum lebhaften Badeort **Sihanoukville** → S. 49, an dessen Stränden Sie mindestens zwei Tage baden und entspannen oder bei Strandpartys mitschwofen können. Auf dem Weg ins Flussstädtchen **Kampot** → S. 33 erhebt sich unübersehbar die steil abbrechende, grüne Bergwand des **Bokor-Nationalparks** → S. 36 mit meist wolkenverhangenem Plateau. Auch vom verschlafenen Küstenort **Kep** → S. 37 hat man von den ☼ Bungalows am Hang oberhalb des

98 | 99

Meeres einen fantastischen Ausblick auf Bokor.

Die N 33 führt nach **Takeo** (39 000 Ew.) in die tiefste Provinz abseits der Touristenpfade – eine hübsche Landschaft aus weiten, in der Regenzeit überfluteten Reisfeldern und einem Netz aus uralten Kanälen (am reizvollsten Juli bis Oktober). Planen Sie hier drei Stunden ein, um mit einem gecharterten Fischerboot *(16–21 Euro)* auf dem *Kanal Nr. 15* und dem *Stung Takeo* INSIDERTIPP durch leuchtend grüne Reisfelder zu brausen: vorbei an Enten- und Büffelhirten sowie Fischersiedlungen bis zur Tempelruine **Phnom Da** *(ca. 1,50 Euro)*, die sich seit dem 11. Jh. auf dem 100 m hohen gleichnamigen Hügel über den Kanälen erhebt und einen fabelhaften Panoramablick bis ins 10 km entfernte Vietnam bietet. Bei einem Stopp in **Angkor Borei** (14 000 Ew.) erfährt man im kleinen Museum Interessantes über die Hafenstadt als wichtiges Handelszentrum im Funan-Khmer-Reich (1.–6. Jh.) – Archäologen halten die Gegend sogar für die Wiege der Khmer-Zivilisation. In der Region Takeo leben heute rund 10 000 der insgesamt 15 000 kambodschanischen Weberinnen, viele arbeiten für den Export der Cambodian Craft Cooperation *(www.silkfromcambodia.com)*. Die meisten Seidenweberdörfer liegen in der Nähe der N 2 nördlich Takeo. Die Technik des Seidenwebens wurde vermutlich während des Funan-Reiches im 2. Jh. aus Indien und China überliefert und das fertige, edle Produkt von Takeo aus an den nahegelegenen königlichen Hof verkauft. Ein gutes Gästehaus in Takeo ist das *Phnom Da Guesthouse* an der Kanalstraße *(Tel. 016 82 60 83 | €)*.

Über den Tempelberg **Phnom Chisor**, den man über 500 Stufen erklimmen kann *(26 km nördlich, 2 Euro)*, fahren Sie am letzten Tag auf der N 2 zurück nach **Phnom Penh** – falls Sie Kinder haben nicht ohne einen Abstecher in den riesigen **Phnom Tamao Zoological**

Ein uraltes Netz aus Kanälen durchzieht das Land bei Takeo

www.marcopolo.de/kambodscha

AUSFLÜGE & TOUREN

Garden → S. 108. Tempelfans können 31 km südlich von Phnom Penh noch die hübsche Ruine des Ta Prohm besichtigen, der genau wie sein Namensvetter in Siem Reap im 13. Jh. von Jayavarman VII. erbaut wurde: Prasat-Türme, Buddhastatuen und schöne Fresken warten zwischen bunten Blüten, Wahrsagern und Musikanten *(tgl. 7–18 Uhr | 2 Euro)*. Ein paar Schritte sind es zum Tonle Bati mit gleichnamigem Wat – ein beliebter Picknicksee.

2 AUF DER SPUR DER KHMER-KÖNIGE

Die meisten Touristen fahren von Phnom Penh nach Siem Reap bzw. Angkor mit Bussen – über die gut ausgebaute N 6 dauert das auf direktem Wege keine sechs Stunden. Sie verpassen so jedoch erstklassige Attraktionen am Wegesrand, etwa die 1300 Jahre alte Tempelstadt *Sambor Prei Kuk* und eine fast tausend Jahre alte, noch immer intakte Brücke. Abgelegene Ruinenstätten wie *Beng Mealea* sind eine wunderbare Alternative zu den teils überlaufenen Ruinen in Angkor. Die 580 km lange Route mit einigen abwechslungsreichen Abstechern in das ländliche Alltagsleben dauert zwei bis drei Tage.

Ein erster, kulinarisch interessanter Stopp ist das kleine Drehkreuz Skun (ca. 80 km nördlich von Phnom Penh), das unter den Khmer bekannt ist für seine ● **INSIDER TIPP** essbaren, faustgroßen Taranteln *(bing)*: Wie wäre es mit dieser exotischen Spezialität bei einer Pause am Autobahn-Restaurant oder auf dem großen Markt? Alternativ gibt's auch frittierte Grillen ... Im *Skun Spider Sanctuary*, einer geplanten Zuchtfarm, gibt es eine Ausstellung mit Gartenlokal, in dem Sie diese Spezialitäten auch kos-

500 Stufen führen zum Phnom Chisor

ten können in ungewöhnlicher Fusion – etwa Ameisen in Schokolade – aber es gibt auch Deftiges wie Krokodil- und Büffel-Burger *(800 m nördlich vom Skun Kreisverkehr | Tel. 012 75 34 01)*. Im ca. 40 km nördlich gelegenen winzigen Dorf Baray lohnt eine Übernachtung im *Khmer Village Homestay* mit rustikal-bescheidenen, aber originellen Stelzenhütten *(Tel. 012 63 57 18 | www.ccben.org | € | zwei Tage alles inklusive ca. 30 Euro p. P.)*. Möglich sind Ochsenkarrenfahrten, traditionelle Tanzshows und ehrenamtliche Arbeit. Zu den Attraktionen rund um Baray gehören die Santuk-Seidenfarm mit einem Rundgang von den Maulbeerbäumen durch die Produktionsstationen bis hin zum Souvenirshop *(Mo–Sa 7–11, 13–17 Uhr |*

Anmeldung Tel. 012 90 66 04), der ☸ **Phnom Santuk** mit dem gleichnamigen Kloster am Ende der 800(!)-stufigen Treppe *(ca. 1,50 Euro)* und das **Buddha Factory Village Kakaoh**, in dem Sie den Steinmetzen entlang der N 6 über die Schulter schauen und vielleicht den schulterhohen Buddha für die Terrasse zu Hause erstehen können.

35 km nördlich der Stadt **Kampong Thom** (66 000 Ew.) kann man den frühen Khmer-Tempel **Sambor Prei Kuk** *(Info: www.samborpreikuk.com)* aus der Prä-Angkor-Epoche im 7. Jh. besichtigen. Der teils holprige Weg führt auf der N 64 durch ursprüngliche Khmer-Dörfer mit Stelzenhütten und Ochsenkarren zu dem weitläufigen Tempelgelände inmitten des Waldes. Sambor Prei Kuk mit einst 100 Tempeln wurde von König Isanavarman I. unter dem Namen Isanapura errichtet – als Sitz des asiatischen Reiches Chenla. Der *Prasat Sambor*, der erste von drei Gebäudekomplexen, beherbergt in seinen Ziegelsteintürmen die Kopien der Götterfiguren Durga und Harihara (Originale in Phnom Penh). Der ca. 600 m südwestlich gelegene *Prasat Tao*, der Löwenturm, wird von zwei steinernen Löwen bewacht. Rund 600 m im Südosten beeindruckt der teils von Baumriesen überwucherte *Prasat Yeai Poeun* mit seinem zentralen 30 m hohen Turm-Heiligtum, das Shiva gewidmet war *(tgl. 7–17 Uhr | 2 Euro | Imbissstände)*. In Kampong Thom gibt es kleine ordentliche Balkonzimmer im *Arunras Hotel (Tel. 062 96 12 94 | €)* oder im etwas ruhigeren *Stung Sen Royal Garden (Tel. 062 96 12 28 | €–€€)* am Fluss. Das INSIDER TIPP ▶ **Sambor Village Hotel** liegt idyllisch mit kleinem Pool, hübschen Bunglows und Lokal am Stung Sen *(19 Zi. | Tel. 062 96 13 91 | €€)*. Auch in Kampong Thom und Sambor Prei Kuk sind Homestays möglich *(Info: www.ccben.org)*.

Mitten im Tonle-Sap-Becken zwischen Marschland, Reisfeldern und Zuckerpalmen führt beim Dorf **Kampong Kdey** *(ca. 70 km nordwestlich von Kampong Thom)* eine massive Bogenbrücke aus Lateritblöcken, die INSIDER TIPP ▶ ***Speam Prap Tos***, über den Stung Chikreng: Mythologische Naga-Schlangen winden sich zu beiden Seiten, Bauherr vor fast 1000 Jahren war Jayavarman VII. Die beiden lange Zeit verminten Angkor-Tempel INSIDER TIPP ▶ **Beng Mealea** und INSIDER TIPP ▶ **Koh Ker** sind von der N 6 im Örtchen Dam Deik über einen

Die Götterfigur Harihara im Prasat Sambor

AUSFLÜGE & TOUREN

Transportmittel Nr. 1 auf dem Land ist immer noch der Ochsenkarren

rechten/nördlichen Abzweig zu erreichen *(kleine Asphaltstraße direkt vor dem Markt, kein Schild!)*. Erst nachdem deutsche Bundeswehr-Experten die Region aufwendig entmint haben (und auch noch weiterhin aktiv sind), sind die beiden Tempelruinen nun wieder vollständig zugänglich. Die Gegend zeichnet sich durch ihre ländliche Idylle aus, man begegnet Bauern bei der Arbeit im Reisfeld, Ochsenkarren mit Schulkindern und Mönchen in den Dorftempeln. **Beng Mealea** liegt 35 km entfernt im Wald: Der Tempel aus dem 12. Jh. imponiert durch sein Steinechaos mit ähnlich mystischer Atmosphäre wie der *Ta Prohm* in Angkor. Trümmerhaufen unter gigantischen Wurzeln der Banyanbäume, versteckte, säulengetragene Galerien, die man auf allen Vieren kraxelnd durch Spinnweben und über Sandsteinblöcke erreicht (es geht auch bequemer ohne Indiana-Jones-Feeling über einen Holzsteg). Zu entdecken sind herrliche Shiva- und Krishna-Reliefs, die Apsaras schauen aus versteckten Nischen auf die wenigen Touristen herab *(an der Schranke kurz vor Beng Mealea | Auto ca. 2 Euro | Eintritt Beng Mealea 4 Euro | Koh Ker überteuerte 8 Euro)*.

Wer sich den anstrengenden 70-km-Trip von hier nach Koh Ker auf einer üblen Schotterpiste sparen möchte, vor allem in der Regenzeit, kann jetzt umdrehen – von Beng Mealea nach Siem Reap sind es noch 65 km.

Wahre Tempelfans aber sollten sich **Koh Ker** unbedingt ansehen, vor allem wegen des mehr als 1000 Jahre alten *Prasat Thom*: untypisch für die Angkor-Architektur, erhebt sich das Bauwerk als imposante 40 m hohe, in sieben Terrassen ansteigende Pyramide (derzeit leider nicht zu besteigen); außerdem weitere verstreut liegende Turmruinen, teils bizarr von Wurzelwerk überwuchert und mit imposanten *lingas* zu Ehren Shivas *(Minengefahr, unbedingt auf den Wegen bleiben, einfaches Gästehaus (€) vorhanden)*.

Bild: Trekking im Nationalpark Phnom Kulen

SPORT & AKTIVITÄTEN

Kambodscha ist ein Land für Sportler, die das Abenteuer suchen. Aber viele Sportarten stecken noch in den Kinderschuhen, wie etwa Rockclimbing oder Höhlenwandern, auch wenn die oftmals jungfräuliche Natur ein riesengroßes Potenzial bietet.

Motocross- und Mountainbiketouren mit Offroad-Feeling auf den staubigen Straßen sind sehr beliebt. Mehr Spaß als Adrenalinkicks verheißen die immer trendigeren Kochkurse oder Trekkingtouren in den Nationalparks.

ANGKOR-WAT-HALBMARATHON

Tausende Läufer aus mehr als 40 Ländern versammeln sich alljährlich im Dezember zum *Angkor Wat International Half Marathon*. Für jeden ambitionierten Amateur, der einmal entlang der Tempelruinen durch die kambodschanische Zeitgeschichte joggen möchte, eignet sich der 5 km lange *Fun Run (www.angkormarathon.org)*.

BIRDWATCHING

Kambodscha beherbergt aufgrund seiner langen Isolation durch Kriege und Verminung viele vom Aussterben bedrohte Vogelarten wie Silberreiher, Graupelikane und Fischadler. Beste Vogelkundler-Gebiete in der Trockenzeit Dezember bis März sind beispielsweise der *Virachay-Nationalpark* bei Siem Pang und in Ratanakiri, die *Ram-*

Sportliche Herausforderungen, echte Abenteuer oder gemütlicher Zeitvertreib – hier wird es garantiert nicht langweilig

sar Wetlands (Mekong) und *Prek Toal* (Tonle-Sap-See). Außerdem die weiten Marschen bei Kampong Thom, das *Sauruskranich-Schutzgebiet* bei Ang Trapeang Thmor und *Tmatboey* bei Preah Vihear mit seinen vielen Ibissen *(homestays möglich | www.ccben.org)*. Info und Touren: *Monsoon Tours (www.monsoontours.com)*, *Sam Veasna (www.samveasna.org)* und *Osmose (www.osmosetonlesap.net)* in Siem Reap. Internet: *www.vietnambirding.com*, *www.birdlifeindochina.org*

GOLF

Einputten zwischen Ruinen: In Siem Reap kann man auf zwei Golfplätzen den Schläger schwingen, z. B. zwischen einer alten restaurierten Brücke aus dem 11. Jh. auf dem anspruchsvollen *Phokeethra Country Club* vom Sofitel Hotel *(www.phokeethragolf.com | 18-Loch | Greenfees ab ca. 53 Euro für Gäste)*. In der Nähe Phnom Penhs befinden sich der *Royal Cambodia Phnom Penh Golf Club* mit seinem 9-Loch-Platz *(ca. 9 km südlich von Phnom Penh)* und der luxuriöse *Cambodia Golf & Country Club*, der landesweit erste Golfclub mit 18 Löchern zwischen Zuckerpalmen und Teichen *(35 km südwestlich von Phnom Penh nahe dem Dorf Kambol)*.

KAJAK-, KANU- & BOOTSTOUREN

Auf den vielen Flüssen bieten sich herrliche Gelegenheiten, das Paddel zu schwingen und an Fischerdörfern, Pagoden und teils dschungelartiger Kulisse entlangzugleiten *(z. B. am Tonle-Sap-See, bei Battambang, Ratanakiri und an der Küste bei Sihanoukville und Kep; Boote zu mieten in den Hotels oder über Veranstalter)*. Auch ohne sportliche Betätigung lohnen sich die Bootsfahrten, etwa auf dem Mekong (leider nur noch Charterboote), auf dem Tonle-Sap-See und bis nach Vietnam durchs Mekongdelta. Angeboten werden beispielsweise Touren zwischen Phnom Penh und Siem Reap *(www.cfmekong.com)*. Die *Pandaw* pendelt als luxuriöses Flusskreuzfahrtschiff zwischen Saigon, Phnom Penh und Siem Reap *(www.pandaw.com)*.

KOCHKURSE

Auf dem Markt zwischen exotischem Gemüse und Kräutern stöbern und dann den Kochlöffel über dem Wok schwingen – das können Hobbyköche in den großen Touristenzentren Phnom Penh, Siem Reap und Sihanoukville. Kochstunden in Siem Reap z. B. bei *Le Tigre de Papier* (www.letigredepapier.com) oder mit den teureren *Cooks in Tuktuks* (www.therivergarden.info). In Phnom Penh beispielsweise bei der *Cambodia Cooking Class* im Frizz Restaurant *(www.cambodia-cooking-class.com)*. In Sihanouville bietet die *Traditional Khmer Cookery School* Kurse in der City an *(Tel. 092 73 86 15 | Halbtageskurse beginnen bei ca. 9 Euro)*.

RADTOUREN

Kambodscha ist ein weithin flaches Land ohne viel motorisierten Verkehr – ideal zum Radfahren. Allerdings nicht ohne Tücke, denn leider nehmen mit der Asphaltierung der Landstraßen auch die Verkehrsunfälle zu. Das Hochland ist eine noch wenig bekannte Herausfor-

Für alle, die nicht gern selbst das Paddel schwingen: Bootsfahrt auf dem riesigen Tonle-Sap-See

www.marcopolo.de/kambodscha

SPORT & AKTIVITÄTEN

derung für Mountainbiker. Man kann einfache Räder kaufen oder ausleihen in Phnom Penh; wer hohe (sportliche) Ansprüche hat, sollte sein eigenes Rad mitbringen. Ganz gewöhnliche Radler können interessante Rundreisen, auch in weniger bekannte Landesecken, zum Beispiel bei *Wikinger Reisen* buchen *(www.wikinger-reisen.de)* oder in Siem Reap bei *Buffalo Tours (www.buffalotours.com)*. Radreisen mit der Möglichkeit ehrenamtlichen Engagements bietet *Pepy Ride (www.pepyride.org)*.

ROCKCLIMBING

Die ersten Felsenkletterer sind da! Es wird nicht lange dauern, bis es auch in Kambodscha eine geeignete Infrastruktur mit herausfordernden Touren wie in den Nachbarländern Thailand und Vietnam gibt. Bis dahin gilt: die eigene Ausrüstung mitbringen! Gegenden mit viel Kletterpotenzial sind die INSIDER TIPP zerklüfteten Karsthügel bei Kampot, Kampong Trach und Kampong Cham (beides mit einigen Routen), im Norden Battambang sowie Takeo und Siem Reap. Übungsgelegenheiten finden Sie in Phnom Penh und Siem Reap. *Info: www.rockclimbingincambodia.com*

SCHNORCHELN & TAUCHEN

In Sihanoukville bieten einige PADI-Tauchschulen Tauchausflüge und Kurse auf Deutsch an. Die meisten Tauchgebiete liegen der Sichtbarkeit wegen (10–25 m, manchmal 40 m) mindestens 1,5–2 Stunden Bootsfahrt vor der Küste, etwa bei Koh Kon, Koh Rong Samloem und Koh Tang. Dabei können Sie größere Gruppen von bis zu 2 m langen Cobia-Barschen, schillernde Papagaienfische und andere bunte Meeresbewohner sehen. Bei Nachtfahrten lassen sich blau gepunktete Stachelrochen, kleinere (ungefährliche) Haie und manchmal sogar Delphine blicken. Beim westlicheren Koh Kong lässt es sich gut tauchen, vor allem im Koh-S´dach-Archipel mit vielen unberührte Korallenbänken. Beste Tauchzeit ist November bis ca. Mai, in der Regenzeit ist das Meer zu aufgewühlt. *Infos: Scuba Nation (www.divecambodia.com)*.

WANDERN & TREKKING

Kambodscha besitzt ca. 20 Nationalparks, Naturschutzgebiete und Biosphärenreservate. Die beste Infrastruktur mit teils englisch sprechenden Rangern gibt's im *Virachay-Nationalpark*, der die abenteuerlichsten Touren mit Chance auf Wildtierbeobachtung bietet *(www.yaklom.com)*. Am bequemsten in Tagesausflügen von Sihanoukville aus zu erkunden sind der *Bokor-Nationalpark* und *Ream-Nationalpark* (mit spartanischen Übernachtungsmöglichkeiten) sowie der *Kirirom-Nationalpark* nahe Phnom Penh. Potenzial für die Zukunft haben die *Cardamom-Berge* nahe Koh Kong mit den letzten Beständen an Tigern und wilden Elefanten.

MIT KINDERN UNTERWEGS

Kambodscha gehört auf den ersten Blick nicht zu den am besten geeigneten Reiseländern für Kinder, schon aus gesundheitlich-hygienischen Gründen (wegen Typhus, Hepatitis, Malaria, Dengue u. a. mit Impfungen, Mückenschutz usw. unbedingt an die entsprechende Vorsorge denken!). Unterwegs ist es wichtig, die ganze Familie mit hohem Lichtschutzfaktor einzucremen, Käppi oder Hut aufzusetzen und viel zu trinken! Cola, Pommes oder Spaghetti gibt es in den Touristenzentren, auf Eiscreme sollte man in Kambodscha verzichten. Kinderbetten in den Hotels sind Mangelware ebenso Windeln (Stoffwindeln und ausreichend Schnuller einpacken).
Einige klassische Aktionen, an denen Kinder fast jeden Alters Spaß haben, finden Sie in den jeweiligen Kapiteln: Elefantenreiten in den Provinzen Mondulkiri und Ratanakiri etwa oder Toben am Wasser an der Küste z. B. in Sihanoukville.

KAMPOT

TEOK CHHOU
Der kleine Zoo Teok Chhou bei Kampot ist durchaus einen Abstecher wert. *Tgl. 7–18 Uhr | Eintritt 3 Euro | 8 km nördlich von Kampot*

PNOM PENH

KINDERBIBLIOTHEK UND KINDERKINO
Im *Institut Francais Cambodge (French Cultural Center)* in Phnom Penh zeigt man regelmäßig Zeichentrickfilme für Kinder, es gibt Comic-Ausstellungen und Khmer-Pop- und -Rap-Konzerte, eine Kinderbibliothek im Media Center – die Eltern können sich bei Café au lait mit Croissant und WiFi im Garten-Café *Mit Samlanh* (tgl. 7–21 Uhr) oder auch bei Vorträgen und Kursen die Zeit vertreiben. *218 Street 184 | Tel. 023 72 13 82 | www.ccf-cambodge.org*

PHNOM TAMAO ZOOLOGICAL GARDEN UND WILDLIFE RESUE CENTER
Der landesweit beste und größte Zoo mit teilweise begehbaren Gehegen. Hier finden viele aus illegalem Fang gerettete Tiere Unterkunft. Schwarzbären, Rehwild, Tiger und Elefanten leben in teils begehbaren Gehegen – am meisten los ist bei den Gibbons. *Tgl. 8–16 Uhr | 4 Euro, Kinder ca. 1,50 Euro | 44 km südlich von Phnom Penh*

WATER PARK PHNOM PENH
Meereswellenpool und Riesen-Wasserrutschen (nur am Wochenende), die

www.marcopolo.de/kambodscha

Schmetterlinge und Ponys, Schattenfiguren und Zeichentrickfilme – Kinder können in Kambodscha viel Spaß haben

Woche über Springbrunnen und gigantische Schwimmreifen, kurz: jede Menge Badespaß verspricht der Wasserpark in Phnom Penh (er ist allerdings nicht mit deutschen Standards an Sicherheit und Instandhaltung zu vergleichen). *Tgl. 9.30–17.30 Uhr (weniger voll werktags 10–14 Uhr) | 2 Euro wochentags, 3 Euro Wochenende | 50 Pochentong Road, Richtung Flughafen*

SIEM REAP

BUTTERFLY GARDEN RESTAURANT
1500 Schmetterlinge in einem tropischen Garten (mit Netz): Während die Eltern traditionelle Livemusik und Aroma-Fußbäder genießen *(in der Happy Hour von 15–19 Uhr)*, können sich die Kinder anders vergnügen: Jeden Mo, Do und Sa werden um 11 Uhr Hunderte von Schmetterlingen freigelassen – gefangen von Kindern aus armen Dörfern, die dafür bezahlt werden. *9–22 Uhr | zwischen dem Fluss und Wat Bo St., nahe der Wat-Prohm-Rot-Brücke | www.butterfliesofangkor.com | €*

THE HAPPY RANCH
Auf der Pferderanch von Sary Pann nahe Siem Reap kann man Reitstunden buchen, auf kambodschanischen Ponys *(Std. ab 15 Euro)* ausreiten oder ausgedehnte Kutschfahrten zu den Tempeln der Umgebung unternehmen. *N 6 Richtung Airport, ca. 1,5 km westlich von Siem Reap | Tel. 012 92 00 02 | www.thehappyranch.com*

SCHATTENFIGUREN-THEATER
Im *La-Noria-Hotel* in Siem Reap werden das Schattenfiguren-Theater *sbeik thom* und *sbeik touch* (auch: *sbeik toot*) sowie traditioneller Tanz von den Kindern des Krousar-Thmey-Waisenhauses aufgeführt. *Mi und So 19.30 Uhr | ca. 4 Euro plus extra Dinnerpreise | Tel. 063 96 42 42 | www.lanoriaangkor.com.* Oder man besucht das Schattentheater im *Bayon Restaurant* in der *Wat Bo Street*.

EVENTS, FESTE & MEHR

OFFIZIELLE FEIERTAGE

1. Jan. Neujahr; **7. Jan.** Befreiung Kambodschas von den Roten Khmer durch die Vietnamesen; **im Feb.** *Meak Bochea* (buddhistisches Vollmondfest); **8. März** Internationaler Frauentag; **1. Mai** Tag der Arbeit; **im Mai** *Visaka Bochea* (Geburt, Erleuchtung, Todestag Buddhas); **13.–15. Mai** König Norodom Sihamonis Geburtstag; **18. Juni** Königin Norodom Monineath Sihanouks Geburtstag; **im Sept.** *Bon Phchom Ben* (Ahnenfest); **24. Sept.** Verfassungstag; **29. Okt.** Krönungstag; **31. Okt.** König Norodom Sihanouks Geburtstag (Königsvater); **9. Nov.** Nationalfeiertag (Unabhängigkeitstag); **10. Dez.** Internationaler Tag der Menschenrechte

KAMBODSCHANISCHE FESTE

APRIL
Zum Ende der Erntezeit Mitte April (ab 13./14.) herrscht beim Khmer-Neujahr, dem ▶ ***Bonn Choul Chhnam Thmey***, mindestens drei Tage lang Ausnahmezustand in Kambodscha: auf den Landstraßen, in den Hotels (verdoppelte Zimmerpreise, früh buchen!) und den Restaurants (voll oder geschlossen). Am Neujahrstag nach dem Mondkalender platzen die Pagoden vor festlich gekleideten Besuchern aus allen Nähten: Dort tanzt man ▶ *ram vong*, eine Art Reihentanz in Zeitlupe, den Mönchen und Buddha werden Spenden dargebracht – in kleinen Bananenblatt-Körben voller Geld, Esswaren, Räucherstäbchen, Tabak, Blumen oder Obst. Dabei spielen Glückszahlen eine große Rolle: Man spendet beispielsweise fünf Kerzen, sieben Zigaretten ... Zum Dank gießen die Mönche eimerweise gesegnetes Wasser über die Gläubigen. Denn das Neujahr ist auch die Zeit für eine gründliche (symbolische) Reinigung: Buddhastatuen und Häuser werden geputzt, man kauft sich neue Kleidung. Wer auf den Landstraßen unterwegs ist, sieht mehr oder weniger angesäuselte „Wegelagerer", die tanzend, lachend und singend die Straße sperren und um „Spenden" bitten.

MAI
Beim ▶ ***Bon Chroat Preah Nongkoal***, der königlichen Pflugzeremonie, wird der Platz vor dem Nationalmuseum symbolisch gepflügt, denn im Mai – zum Anfang des Monsuns – beginnt die Saatzeit. Die königliche Pflugzeremonie ist eine Art

www.marcopolo.de/kambodscha

Ausgelassene Feste, königliche Zeremonien und orakelnde Ochsen – feiern Sie mit an kambodschanischen Feiertagen

Wettervorhersage und Weissagung mittels Astrologen und königlicher Ochsen: Nach dem Pflügen wählen die Ochsen aus Goldnäpfen mit Reis, Mais, Bohnen, Gras und anderen Feldfrüchten sowie Wasser und Wein – was sie fressen, gilt als besonders ertragreiches Produkt in der kommenden Saison. Falls die Ochsen vom Wein saufen, steht den Bauern und ganz Kambodscha ein katastrophales Jahr bevor, etwa mit Überflutungen. Egal wie das Omen ausfällt: Dieser typische Volksaberglaube ist ein farbenfrohes Ereignis mit vielen traditionell gekleideten Akteuren.

OKTOBER/NOVEMBER

Bei dem dreitägigen Vollmondfest der wechselnden Strömungen, dem landesgrößten Festival mit farbenprächtigen Bootsregatten, prachtvoll erleuchteten Schiffen und Feuerwerk, feiern Tausende in Phnom Penh am Ufer des Tonle Sap das Ende der Regenzeit. Hintergrund von ▶ ★ ● **Bon Om Touk** ist die sich umkehrende Strömung des Tonle-Sap-Flusses, wenn er die Wassermassen des durch den Monsun angeschwollenen Mekong nicht mehr halten kann und rückwärts in den Tonle-Sap-See fließt. Früher gab der gottgleich verehrte Khmer-König dem Tonle Sap per Hand den „Befehl", seine Richtung zu ändern. Nach Jahrzehnten des Bürgerkriegs, Völkermords und kommunistischer Besatzung steht seit den 1990er-Jahren wieder der König auf der Ehrentribüne direkt am Zusammenfluss von Mekong und Tonle Sap. Eines seiner königlichen Boote „durchschneidet" das über den Fluss gespannte Seil, die symbolische Tür, durch die der Tonle Sap nun wieder gen Meer fließen darf – mit Abermillionen Fischen. Wer Glück hat, sieht das Naturwunder – oder wenigstens einige untrügliche Zeichen: Morgens richten die Fischerkähne ihre Bugnasen in eine andere Richtung als am Abend zuvor, auch die Wasserhyazinthen treiben den Fluss hinauf statt hinab.

ICH WAR SCHON DA!

Drei User aus der MARCO POLO Community verraten ihre Lieblingsplätze und ihre schönsten Erlebnisse

IDYLLISCHE LANDSCHAFT

Der Tempel Bakong gehört zur Roluos-Gruppe, 13 Kilometer östlich von Siem Reap. Ich fuhr mit einem Tuktuk hin und lief vom Halteplatz im Osten außerhalb des äußeren Wassergrabens über einen Damm, der von großen siebenköpfigen Schlangen (den *Nagas*) begrenzt wird. Wenn man am Nachmittag nach Siem Reap zurückkehrt, sollte man sich die Stadt mit ihren traditionellen Märkten auf jeden Fall ansehen. Ein idealer Ausgangspunkt für Ausflüge in die Tempelanlagen ist das Vier-Sterne-Hotel Tara Angkor, es liegt direkt an der Straße nach Angkor Wat *(Road to Angkor Wat)*. **mklee, Pulsnitz**

FRISCH AUS DEM MEER

Wer Kep besucht, sollte unbedingt in einem Restaurants, z. B. dem Kimly Restaurant *(Waterfront Crab Market)* fangfrische Fische und die berühmte „Pepper Crab" probieren – Krebs mit frisch geernteten Pfefferkörnern. Kampot-Pfeffer gilt als eine der besten der Welt, ein Besuch einer Pfefferplantagen in und um Kampot lohnt sich. **Simonissima, Köln**

VERSTECKTES KLEINOD

Der Dschungeltempel von Sambor Prei Kuk *(Kampong Thom)* liegt sehr versteckt im Norden weit ab der üblichen Touristenrouten. Es ist der Tempel der Könige von Chenla: Der Löwentempel erhielt seinen Namen von den beiden Raubkatzenstatuen, die den Eingang bewachen. **winni, Billerbeck**

Haben auch Sie etwas Besonderes erlebt oder einen Lieblingsplatz gefunden, den nicht jeder kennt? Gehen Sie einfach auf www.marcopolo.de/mein-tipp

EIGENE NOTIZEN

LINKS, BLOGS, APPS & MORE

LINKS

▶ www.marcopolo.de/kambodscha Alles auf einen Blick zu Ihrem Reiseziel: Interaktive Karten inklusive Planungsfunktion, Impressionen aus der Community, aktuelle News und Angebote ...

▶ mp.marcopolo.de/kam1 Beamen Sie sich hinein ins Khmer-Reich! Dank der interaktiven Panoramafotografie stehen Sie mitten in den Tempel-Trümmerbergen von Preah Khan und Preah Vihear

▶ mp.marcopolo.de/kam2 Damit Ihr Kambodschanisch kein Kauderwelsch bleibt, gibt es hier Audio-Sprachunterricht auf Khmer (auf Englisch)

▶ www.khmernetradio.com Stimmen Sie sich auf kambodschanische Musik ein, die Sie spätestens im landestypischen Ausflugslokal hören werden. Schaurig schöne Oldies und Ram-Vong-Klassiker im Khun-Pimoj-Netz-Radio

BLOGS

▶ andybrouwer.co.uk/ctales1.html Andy Brouwer reist seit 1994 durch Kambodscha, lebt und arbeitet seit 2007 in Phnom Penh und füttert täglich seinen emglischsprachigen Blog mit fundierten Reiseberichten, „Cambodia Tales" aus allen Landesecken und interessanten Artikeln – ein wahrer Insider

▶ livinginpp.wordpress.com Freddy, ein Schweizer Nomade, berichtet seit 2009 auf Englisch aus Kambodscha, Vietnam und Laos: über seine Reisen, besuchte Bars und Restaurants, Korruption, das Wetter und vieles mehr ...

▶ blueladyblog.com Die Bloggerin Kounila Keo stellt Recherchefilme und Spielfilmausschnitte von Filmmachern auf ihre englischsprachige Seite

▶ loungung.com Loung Ung, die bekannte Autorin und Aktivistin gegen Landminen, sammelt auf ihrer englischsprachigen Website alle möglichen News – von essbaren Taranteln über Rockbands bis zum Rote-Khmer-Tribunal

Egal, ob Sie sich auf Ihre Reise vorbereiten oder vor Ort sind: Mit diesen Adressen finden Sie noch mehr Informationen, Videos und Netzwerke, die Ihren Urlaub bereichern. Da manche Adressen extrem lang sind, führt Sie der kürzere mp.marcopolo.de-Code direkt auf die beschriebenen Websites

VIDEOS

▶ www.cambodiatribunal.org Hier können Sie die Ereignisse im Völkermord-Tribunal im Gerichtssaal in Phnom Penh mitverfolgen (mit englischen Untertiteln)

▶ mp.marcopolo.de/kam4 Weltspiegel-Beitrag über den Journalisten Thet Sambath und seinem preisgekrönten Film „Enemies of the people" auf der hartnäckigen und zehnjährigen Suche nach den Gründen für den Völkermord an zwei Millionen Khmern

▶ mp.marcopolo.de/kam5 Über das deutsch-kambodschanische Kulturzentrum Meta House in Phnom Penh und die dortigen Kunstausstellungen, Filmpremieren, kurz: die Kunst- und Medienszene in Kambodscha usw.

▶ mp.marcopolo.de/kam6 Angelina Jolie spricht über ihre ersten Dreharbeiten in Kambodscha im Jahr 2000 und wie das Land sie verändert hat. Das Ganze ist zwar „nur" eine charity-Werbe-Aktion für Louis Vuitton-Taschen mit Star-Fotografin Annie Leibovitz in Kambodscha – aber hervorragend gemacht

APPS

▶ World Nomads Cambodian Language Guide Nie wieder sprachlos! Die englischsprachige App listet die wichtigsten Begriffe für Reisende mit den passenden Übersetzungen auf. Mit kleinem Sprachkurs

▶ Cambodia Wallpapers Sie möchten Kambodscha immer dabei haben? Dann brauchen Sie sich nur diese App mit wunderschönen Fotos des Landes aufs Smartphone laden

NETWORK

▶ www.couchsurfing.org Lernen Sie Kambodscha mal ganz anders kennen. Über die Website finden Sie einen Schlafplatz vor Ort bei Menschen, die genau dort leben, wo Sie Urlaub machen

▶ www.tripwolf.com Hier geben Reisende Tipps an andere Reisende. Geben Sie „Kambodscha" in das Suchfeld ein. Viele Fotos der Community-Teilnehmern

▶ mp.marcopolo.de/kam7 Wunderschöne Fotos aus Kambodscha und von Kambodschanern sind auf der Seite des Kambodscha-Foto-Clubs zu sehen

PRAKTISCHE HINWEISE

ANREISE

✈ Nach Kambodscha gibt es keine direkte Flugverbindung von Europa. *Vietnam Airlines* fliegt von Frankfurt nach Saigon bzw. Hanoi, weiter mehrmals täglich nach Phnom Penh und Siem Reap *(www.vietnam-air.de)*. *Thai Airways* fliegt über Bangkok *(www.thai-airways.de)*, nach Bangkok fliegt auch *Air Berlin* *(www.airberlin.com)*, die Flugzeit beträgt ca. 12–13 Stunden, Flugpreis ca. 1000 Euro.

AUSKUNFT

ASIAN TRAILS
22 Street 249 | Phnom Penh | Tel. 023 21 65 55 | www.asiantrails.info

ICS TRAVEL GROUP (OFFIZIELLES FREMDENVERKEHRSAMT KAMBODSCHA)
Steinerstrasse 15 | 81369 München | Tel. 089 2 19 09 86-60 | www.indochina-services.com

LOCAL ADVENTURES
c/o Lotus Lodge | Siem Reap | Tel. 063 96 61 40 | Tel. in Phnom Penh: 023 99 04 60 | www.local-adventures.com

MONSOON TOURS
Büro Siem Reap: 030 Phnom Steng Thmey (Bezirk Svay Donkom) | Tel. 063 96 66 56, Büro Phnom Penh: 27 Street 351 | Sangkat Boeng Kak 1 (Bezirk Tuol Kork) | Tel. 023 96 96 16, Tel. in Potsdam: 03320 82 04 04 | www.monsoon-tours.com

GRÜN & FAIR REISEN

Auf Reisen können auch Sie mit einfachen Mitteln viel bewirken. Behalten Sie nicht nur die CO_2-Bilanz für Hin- und Rückflug im Hinterkopf *(www.atmosfair.de)*, sondern achten und schützen Sie auch nachhaltig Natur und Kultur im Reiseland *(www.gate-tourismus.de; www.zukunft-reisen.de; www.ecotrans.de)*. Gerade als Tourist ist es wichtig, auf Aspekte zu achten wie Naturschutz *(www.nabu.de; www.wwf.de)*, regionale Produkte, Fahrradfahren (statt Autofahren), Wassersparen und vieles mehr. Wenn Sie mehr über ökologischen Tourismus erfahren wollen: europaweit *www.oete.de*; weltweit *www.germanwatch.org*

BANKEN & GELD

Banken öffnen meist Mo–Fr 8–15.30/16, einige Sa 8–11.30/12 Uhr. Der Riel ist offizielle Landeswährung, gängiges Zahlungsmittel bei allen größeren Ausgaben als einer Nudelsuppe ist der US-Dollar. Es empfiehlt sich eine Bar-Mischung aus ein paar Tausend Riel, Dollar und Euro, außerdem Reiseschecks in US-Dollar und Euro (2–4 Prozent, Reiseschecks in Euro u. U. mindestens 5 Euro Gebühr) sowie Kredit- und Maestro-Karte (Geldautomaten in Phnom Penh, Siem Reap, Sihanoukville, Battambang, Kampot und Sen Monorom, bis 5 Prozent bzw. Maestro-Karte max. 4 Euro Gebühr). Größere Hotels akzeptieren die gängigen Kreditkarten. Geldwechsel ist oft günstiger bei lizensierten Wechselstuben *(Money Change)*, die es landesweit gibt, oft ganz unscheinbare Stände.

Von Anreise bis Zoll

Urlaub von Anfang bis Ende: die wichtigsten Adressen und Informationen für Ihre Kambodschareise

DIPLOMATISCHE VERTRETUNGEN

DEUTSCHE BOTSCHAFT
76–78 Street 214 (Rue Yougoslavie) | Phnom Penh | Tel. 023 216193 und 216381 | www.phnom-penh.diplo.de (auch für Österreicher)

SCHWEIZER BOTSCHAFT
Phnom Penh | Haus 53 D Street 242 | Tel. 023 219045 | swissconsulate@online. com.kh | www.eda.admin.ch

EIN- & AUSREISE

Das vierwöchige Visa-on-arrival wird bei Einreise auf den Flughäfen in Phnom Penh und Siem Reap für 20 US-Dollar, Passbild und bei mindestens sechs Monate gültigem Reisepass erteilt, ebenfalls an den Grenzen nach Thailand, Vietnam und Laos. Info (und E-Visa): www. immigration.gov.kh und www.cambodia-airports.com. Visumsformulare als Download erhältlich bei www.kambodscha-botschaft.de. E-Visa können online nur max. zwei Wochen vor Reiseantritt beantragt werden, es dauert etwa 3–5 Tage (20 + 5 US-Dollar), sie gelten für max. 30 Tage Aufenthalt, einmalige Einreise und nicht an allen Landesgrenzübergängen. Info: www.mfaic.gov.kh/evisa. Die kambodschanische Regierung warnt vor diesen unautorisierten Webseiten, die E-Visa anbieten: www.cambodiaonarrival. com, www.cambodiaevisa.com, www. welovecambodia.com. Die populärsten Landgrenzübergänge sind von Thailand: z. B. Aranyaprathet/Poipet (nach Siem Reap) und an der Küste Hat Lek/Cham Yeam (Koh Kong, Sihanoukville); von Vietnam: z. B. Moc Bai/Bavet, Svay Rieng (Phnom Penh) und Xa Xia/Prek Chak (Kep; nicht mit E-Visa!); von Laos: Veun Kham/Dong Kralor am oberen Mekong (Stung Treng); jeweils mit kambodschanischem Visa on arrival für insgesamt 20 US-Dollar, Passbild mitbringen, ein

WÄHRUNGSRECHNER

€	KHR	KHR	€
1	5258	10000	1,87
3	15 773	20000	3,73
5	26 288	30000	5,60
10	652 575	50000	9,33
25	131 438	100000	18,67

neues Passfoto kostet max. 2 US-Dollar, neuerdings werden übrigens auch Fingerabdrücke genommen. Es gibt keine weiteren „Stempel-Gebühren" o. Ä. Der Visa-Vorgang an der Grenze ist unkompliziert und normalerweise innerhalb von Minuten erledigt. Es mehren sich aber massive Betrugsversuche kambodschanischer Beamter (z. B. 5 US-Dollar oder 100 Baht Bearbeitungsgebühr, fürs Visum 30 US-Dollar oder 1000 Baht statt 20 US-Dollar, die auch auf einer offiziellen Tafel veröffentlicht sind).

Besonders berüchtigt: die Grenzübergänge von/nach Thailand (Poipet/Aranyaprathet und Koh Kong an der Küste). Auch billige thailändische (Bus-)Reiseveranstalter machen bei den Betrügereien mit und setzen die Fahrgäste oft irgendwo vor der Grenze oder bei einem Reisebüro ab. Am besten: entweder fliegen oder zuvor online ein E-Visa beantragen. Ansonsten gilt am Grenzübergang: Immer lächeln, am besten bis vor 12 Uhr direkt zum *Immigration office* fahren lassen, am *Non-Thai-Nationals*-Schalter anstellen, nur in US-Dollar bezahlen, im Zweifelsfall eine offizielle Quittung verlangen (engl: *receipt*). Außerhalb der Visa-Häuschen in Poipet geht es durchs „Niemandsland". Geldwechseln ist unnötig (man kann am Grenzübergang alles mit Baht oder US-Dollar bezahlen). Direkt zum Busbahnhof fahren lassen (z. B. mit dem tatsächlich kostenlosen Shuttlebus zum Bahnhof *Poipet, Richtung Angkor*), dort bei der Busfirma Tickets für die Weiterreise kaufen. Bei Weiterreise auf dem Land-/Wasserweg müssen vorher Visa für Laos und Vietnam beantragt werden. Bei internationaler Ausreise per Flugzeug: Die 25 US-Dollar sind seit April 2011 im Ticket enthalten.

FOTOGRAFIEREN

Batterien bzw. Speicherkarten sollten mitgenommen werden. Zurückhaltung ist bei Militäreinrichtungen und Soldaten angebracht. Es ist höflich, um Erlaubnis zu bitten, besonders bei Mönchen, Berg-

stämmen und religiösen Zeremonien – eine Ablehnung mit Kopfschütteln oder anderer Geste sollte respektiert werden.

GESUNDHEIT

Frühzeitig bei den Tropeninstituten beraten lassen! Empfehlenswert sind (Auffrisch-)Impfungen gegen Polio, Tetanus, Diphtherie, Typhus sowie Hepatitis A (ggf. B) und Tollwut. Kambodscha gilt bis auf Phnom Penh als Malaria- und Denguegebiet (Dengue auch in Phnom Penh). Da die Malaria-Vorsorge-Tabletten wegen Resistenzen jedoch immer weniger wirken, sollte man mit Mückenschutz vorsorgen: ab der Dämmerung bis zum Morgen langärmelige, helle Kleidung, Schutzlotion, Rauchspiralen, Moskitonetz sowie ein Notfallmedikament (am besten Malarone). Beim Essen beachten: kein Speiseeis, ungeschältes Obst, Salate und rohes Gemüse sowie (nicht abgekochtes) Leitungswasser, Eiswürfel nur in zylindrischer Form (industriell hergestellt). Die medizinische Ausstattung der Apotheken und Krankenhäuser ist schlecht (außer in internationalen SOS-Kliniken in Phnom Penh und Siem Reap). Eine gut ausgestattete Reiseapotheke ist wichtig (mit sterilen Einwegspritzen). Im Fall einer ernsthaften Erkrankung sollte man schnellstmöglich nach Bangkok oder Singapur fliegen. Unbedingt eine Auslands-Krankenversicherung mit Rücktransportoption abschließen. Info: *www. dtg.org, www.fitfortravel.de*

WAS KOSTET WIE VIEL?

Nudelsuppe	ca. 0,50–1 Euro	für eine Portion
Angkor-Bier	ca. 1 Euro	für eine Flasche
Massage	6–18 Euro	für eine Stunde
Schal	0,50 Euro	für einen krama-Schal
Cyclo	ca. 4–7 Euro	für eine Tagestour in Phnom Penh
Internet	0,45–4 Euro	für eine Stunde

INTERNET

www.tourismcambodia.com: umfassende Informationen zu Reisen in Kambodscha. *www.kambodscha-info.de:* Deutschsprachiges Forum mit interessanten Links zu Presseberichten. *www. stay-another-day.org:* Initiative für

PRAKTISCHE HINWEISE

nachhaltigen Tourismus. *www.childsafe-cambodia.org* ist eine Kinderschutzorganisation, die sich dem Schutz Minderjähriger in Reiseländern verschrieben hat.

KLEIDUNG

Angebrachte Kleidung sind leichte Baumwoll- und Leinenstoffe, knielange Hosen oder Röcke für Tempelbesuche, ein Pullover, Socken für die Berge, Regencape, Sonnenhut, Sportschuhe oder Trekkingsandalen, für Frauen: ein Sarong oder Shorts zum „züchtigen" Baden in Flüssen und Wasserfällen, oft in Gesellschaft der (konservativen) Einheimischen.

KLIMA & REISEZEIT

Tropisches Monsunklima mit Regenzeit herrscht von April/Mai bis Oktober mit kurzen, aber heftigen Regengüssen. Beste Reisezeit ist die kühlere Trockenzeit vom November/Dezember bis Februar/März mit Temperaturen um 28 Grad, in den Bergen (Mondulkiri) kann es bis auf wenige Grad über Null abkühlen. Heißester Monat ist der April mit bis zu 38 Grad, regenreichster der Oktober.

ÖFFENTLICHE VERKEHRSMITTEL

BUSSE
Reisebusse und Minibusse (Letztere wenig empfehlenswert) starten ab Phnom Penh täglich in alle Richtungen und bis über die Grenzen – am besten sind die Busse von *Mekong Express (Tel. 023 42 75 18)*. Tickets sind in den Gästehäusern erhältlich und in Büros an der Riverside-Promenade in Phnom Penh, z. B. nahe Street 104. Von den neuen Nachtbussen Siem Reap-Sihanoukville ist abzuraten (10–11 Stunden Fahrt, hohe Unfallquote).

FLUGZEUG
Flüge werden zwischen Phnom Penh und Siem Reap sowie zwischen Sihanoukville und Siem Reap angeboten.

MIETWAGEN
Mietwagen gibt es nur mit Fahrer, für ca. 18–29 Euro/Tag in den Städten, außerhalb in die Provinzen ab ca. 36 Euro/Tag, je nach Ziel und Straßenzustand.

Dorfleben weit von Phnom Penh

FÄHREN UND SCHNELLBOOTE
Auf dem Mekong verkehren nur noch die raketenschnellen, laut dröhnenden und teils gefährlichen Schnellboote. Außerdem fahren Expressboote von Phnom Penh über den Tonle-Sap-See nach Siem Reap *(5–7 Std., wenig empfehlenswert)*. Landschaftlich lohnender ist die Bootsstrecke von Siem Reap nach Battambang. Auf der sehr schönen Stre-

cke ab Phnom Penh über die Grenze nach Vietnam *(Chau Doc)* fahren mehrmals täglich Boote durch das Mekongdelta *(ca. 15 Euro)*. Teurer ist die *Victoria Sprite* des Victoria-Hotels nach Chau Doc, *(www. victoriahotels-asia.com | vorher Visum für Vietnam besorgen!)* Weitere Informationen S. 106.

TAXI, MOFATAXI, TUKTUK, CYCLO

Taxis fahren in Phnom Penh und Siem Reap (meist ohne Taxameter, Fahrpreis an der Rezeption erfragen oder aushandeln). In Phnom Penhs Verkehrschaos sollte man kein Mofataxi nehmen (oder nur mit Helm, Helmpflicht!), sondern das sichere Tuktuk oder das Cyclo-Dreiradge-

fährt (Fahrpreis jeweils vorher aushandeln, meist 1,5–2 US-Dollar pro Strecke). Ein Leihrad kostet nicht mal 1 Euro pro Tag, ein Moped ab 4 Euro (offiziell verboten).

SICHERHEIT

Die politische Situation ist relativ stabil, bei Redaktionsschluss gab es nur einen Grenzkonflikt nahe Preah Vihear. Demonstrationen und politische Veranstaltungen meiden. Mittlerweile gelten die Landstraßen und der Mekong als sicher. In Phnom Penh und Sihanoukville kommt es verstärkt zu Taschendiebstählen und Raubüberfällen an einsamen Stränden. Im Cyclo, Tuktuk und auf Mofataxis, auf

WETTER IN PHNOM PENH

	Jan.	Feb.	März	April	Mai	Juni	Juli	Aug.	Sept.	Okt.	Nov.	Dez.
Tagestemperaturen in °C												
	32	32	34	34	34	33	32	32	31	31	30	30
Nachttemperaturen in °C												
	21	22	23	24	24	24	24	24	24	24	23	22
Sonnenschein Stunden/Tag												
	9	9	9	8	7	6	6	5	5	7	8	9
Niederschlag Tage/Monat												
	1	1	3	6	14	15	16	16	19	17	9	4
Wassertemperaturen in °C												
	4	3	4	6	10	13	17	17	15	13	9	6

PRAKTISCHE HINWEISE

Märkten und Festivals in Phnom Penh die Tasche vor dem Bauch festhalten. In den abgelegenen Regionen rund um Battambang und Pailin, Tempeln wie Preah Vihear, Phnom Kulen und Koh Ker sowie in den Nationalparks sollte man keinesfalls die markierten Wegen verlassen (Minengefahr). Am riskantesten sind Motorradfahrten (nie ohne Helm!), da die Zahl der Verkehrstoten in Kambodscha rasant steigt. *Info: Auswärtiges Amt | Tel. 030 18 17 20 00 | www.auswaertiges-amt.de*

STROM

220 Volt, ein Adapter ist manchmal noch notwendig, wegen Stromausfällen ist eine Taschenlampe empfehlenswert.

TELEFON & HANDY

Internationale Vorwahl nach Kambodscha: 00855; Vorwahl aus Kambodscha nach Deutschland: 001-49; nach Österreich: 001-43; in die Schweiz: 001-41.

AUS KAMBODSCHA

Am einfachsten ist das internationale Telefonieren in den Hotels *(2–4 Euro/Min.)* und Postämtern *(ca. 1,50 Euro/Min.)*. Zudem gibt es Prepaid-Telefonkarten *(für 4–40 Euro, ca. 0,73 Euro/Min., am preiswertesten sind MPTC oder Camintel)*. Preiswerter geht es mit den Vorwahlen 177-49 und 007-49 *(ca. 0,30 Euro/Min.)*. Am billigsten sind in der Regel Telefonate aus Internetläden *(ca. 0,03–0,30 Euro)*.

HANDY

Preiswerter als Telefonate mit dem eigenen Handy sind kambodschanische SIM-Karten *(für 5–9 Euro, plus Prepaidkarte ab 4 Euro, z. B. Camshin)* oder VOIP-Vorwahlen (z. B. 177-49, 165-49) – damit kann man für 0,05–0,20 Euro/Min. nach Deutschland telefonieren – allerdings nur mit Entsperrcode und neu zugeteilter Telefonnummer. Gebrauchte Handys gibt es sehr billig zu kaufen oder an einigen Orten zu mieten (z. B. am Pochentong-Flughafen). *Info: www.camintel.com, www.mptc.gov.kh, www.mfone.com.kh.*

TRINKGELD

Trinkgelder sind bei Reiseleitern, Fahrern, Kellnern und Zimmerpersonal üblich. Behinderten Bettlern (oft Minenopfer) kann man Geld geben, Kindern besser nicht, da sie sonst nicht zur Schule gehen, bzw. es sich oft um organisierte Bettlerei handelt. Nach Tempelzeremonien ist eine kleine Spende in dafür vorgesehene Behälter selbstverständlich (für alles gilt: ca. 1000 Riel/ca. 0,15 Euro – bedenken Sie, dass die Monatslöhne bei ca. 30 Euro liegen).

ZEIT

Der Zeitunterschied beträgt im Winter plus sechs Stunden, während der europäischen Sommerzeit plus fünf Stunden.

ZOLL

Devisenein- und -ausfuhren ab 10 000 US-$ müssen deklariert werden. Keinerlei weitere Beschränkungen, zollfrei sind i. d. R. bei der Einreise bis zu 1,5 l Spirituosen und 10 Päckchen Zigaretten. Bei der Ausfuhr verboten sind Antiquitäten (nur mit Ausfuhrgenehmigung des Fine Arts Department in Phnom Penh, über den Händler) und Kulturgüter wie Sandsteinreliefs. Bei der Einreise in die EU (bzw. Schweiz) gelten diese Freimengen: 200 Zigaretten oder 50 Zigarren oder 250 g Tabak, 1 l Spirituosen über 22 Prozent oder 2 l bis 22 Prozent (Schweiz: 15 Prozent), andere Waren wie Kaffee, Tee, Parfüm sowie Geschenkartikel bis zu einem Warenwert von 430 Euro. *www.zoll.de*

SPRACHFÜHRER KHMER

AUSSPRACHE

Zur Erleichterung der Aussprache sind alle Khmer-Wörter mit einer einfachen Aussprache (in eckigen Klammern) versehen.

AUF EINEN BLICK

ja/nein (männlich)	បាទ [bat]/ទេ [dee]
ja/nein (weiblich)	ចាំ [djah]/ទេ [dee]
vielleicht	ប្រហែល [proorheil]
bitte/gern geschehen	សូមអញ្ជើញ [som angchean]
danke	អរគុណ [orkun]
Entschuldigung!	សូមអភ័យទោស! [som apeituch]
Wie bitte?	អត់ទោស? [odtuch]
Ich verstehe (nicht).	ខ្ញុំយល់ [khniom yul] (ខ្ញុំមិនយល់ទេ [khniom men yul dee])
Können Sie mir bitte helfen?	តើលោកអាចជួយខ្ញុំបានរឺទេ? [daal lok at chui khniom ban reuo dee]
Was ist das?	នេះជាអ្វីនឹង? [nich chear avey neng]
Ich möchte (nicht) ...	ខ្ញុំចង់ [khniom chom ban] (ខ្ញុំអត់ចង់ [khniom ot chom ban dee])
Das gefällt mir (nicht).	ខ្ញុំពេញចិត្ត [khniom bing chet]/ខ្ញុំមិនពេញចិត្តទេ [khniom men bing chet dee]
Haben Sie...?	តើលោកមាន? [daal lok mean]
Wie viel kostet es?	តើថ្លៃប៉ុន្មាន? [daal tley bonmaan]
Wie viel Uhr ist es?	តើម៉ោងប៉ុន្មានហើយ? [daal maung bonman hay]

KENNENLERNEN

Guten Tag!/Abend!	សួស្តី! [sursday]/រាត្រីសួស្តី! [reatrey sursday]
Hallo!/Grüß dich!	ជំរាបសួរ! [djum reap sue]/ជំរាបលា! [djum reap lear]
Tschüss! (gegenüber einem/einer ...)	
... älteren/jüngeren Herrn	លោកប្រុស [look bros]/ប្អូនប្រុស [bo ohn bros]
... älteren/jüngeren Dame	អ្នកស្រី [nerk srey]/ប្អូនស្រី [bo ohn srey]
Wie geht es Ihnen/dir?	តើលោកសុខសប្បាយជាទេ? [daal look sok sabay chir dee]
Mein Name ist ...	ខ្ញុំឈ្មោះ [khniom dschmo]

លោកចេះនិយាយភាសាខ្មែររឺទេ?

„Sprichst du Khmer?" Dieser Sprachführer hilft Ihnen, die wichtigsten Wörter und Sätze auf Khmer zu sagen

Erfreut, Sie kennenzu-lernen!	ខ្ញុំរីករាយណាស់ដែលបានស្គាល់លោក! [khniom rick reay naach deil ban skool look]
Auf Wiedersehen!	ខ្ញុំលាសិនហើយ! [khniom lear sen hay]
Bis bald!	ជួបគ្នាបន្តិចទៀត! [chup knear bon text teat]

UNTERWEGS

links/rechts	ឆ្វេង [tschweeng]/ស្ដាំ [sdam]
geradeaus	ត្រង់ [trang]
nah/weit	ទៅកាន់ [dou kaann]/ឆ្ងាយ [tschngay]
Bitte, wo ist …?	សូមអភ័យទោស តើ … នៅទីណា? [som apey tuch daal … nou di na]
Hauptbahnhof	ស្ថានីយរថភ្លើង [satanyrotpleung]
Flughafen	ព្រលានយន្តហោះ [broo lean jounhoh]
Hotel	សណ្ឋាគារ [son tha kear]
Ich möchte … mieten.	ខ្ញុំចង់ជួល… [khniom chang chul…]
Fahrrad	កង់ [kong]
Auto	ឡាន [laan]
Taxi	តាក់ស៊ី [taxi]
Wie weit?	តើចំងាយប៉ុន្មានដែល? [daal chomgay bonmaan deil]
Unfall	គ្រោះថ្នាក់ [kru thanak]
Hilfe!	ជួយផង! [chui pang!]
Achtung!/Vorsicht!	សេចក្តីប្រយ័ត្ន [satkdei Prooyat]/ ប្រុងប្រយ័ត្ន [Prog Prooyat]
Rufen Sie schnell …	សូមលោកហៅ … អោយល្បឿន [Som Look hao … auv löan]
… einen Arzt.	គ្រូពេទ្យ [krou päd]
… einen Krankenwagen.	ឡានពេទ្យ [laan päd]
… die Polizei.	ប៉ូលិស [laan police]
… die Feuerwehr.	ឡានទឹក [laan teug]
Haben Sie Verbandszeug?	តើលោកមានប្រដាប់រំរបួស? [daal look mean broodab rom roboos]
Es war meine/Ihre Schuld.	នេះគឺជាកំហុសរបស់ខ្ញុំ [nich chea kom hohroboh khniom]/ របស់លោក [roboh look]
Geben Sie mir bitte Ihren Namen und Ihre Anschrift.	សូមលោកប្រគល់មកខ្ញុំ ឈ្មោះរបស់លោកនិង អាស័យដ្ឋានរបស់លោក [som look broo kuol mok khniom dschmo robos look neug aseyathan robos look]

ESSEN

Wo gibt es hier ein gutes Restaurant?	តើទីនេះមាន ភោជនីយដ្ឋានល្អរឺទេ? [daal di nich mean pochaniyathan laor deil reuo dee]
Reservieren Sie uns bitte für heute Abend einen Tisch für vier Personen.	សូមលោកទុកបំរុងសំរាប់យើងពេលល្ងាចនេះ តុមួយសំរាប់គ្នាបួននាក់ [som look duk bom rong somramb yeu bel lagnearg nich dok mui somramb knear bun neak]
Auf Ihr Wohl!	ដើមបីសុខភាពរបស់លោកអ្នក! [deumbey sokha-pheap robos look neak]
Das Essen ist sehr gut.	ម្ហូមនេះឆ្ងាញ់ណាស់ [mahoum nich tchnang nas]
Bezahlen, bitte.	សូមមេត្តាគិតលុយ [som meta keat loy]

EINKAUFEN

Wo finde ich ...?	តើទីណាខ្ញុំរកឃើញ? [daal dina khniom rok kheung]
Apotheke	ឱសថស្ថាន/ហ្វាម៉ាសី [pharmacie]
Fotoartikel	សំភារះរូបថត [sompearak rugtord]
Bäckerei	ហាងលក់នំប័ង [hang louk num bang]
Lebensmittelgeschäft	ហាងលក់ម្ហូមអាហា [hang louk mahomb aha]
Kaufhaus/Geschäft	ហាងលក់ទំនិញ [hang louk tum ning]
Markt	ផ្សារ [phsar]
Wann schließt/öffnet das Kaufhaus?	តើហាងលក់ទំនិញបិទទ្វាពេលណា? [daal hang louk tum ning bat twear beana]
Was kostet dieses ...?	តើរបស់នេះតម្លៃប៉ុន្មាន? [daal robos nich thley bonmaan]

ÜBERNACHTUNG

Können Sie mir bitte ... empfehlen?	តើលោកអាចប្រាប់ខ្ញុំ? [daal look aath brab khniom]
Hotel	សណ្ឋាគា [sonthakear]
Pension	ផ្ទះសំណាក់ [pter somnak]
Haben Sie noch ...?	តើលោកនៅមាន...? [daal look nou mean]
Einzelzimmer	បន្ទប់មួយទំនេររឺទេ [bontub mui tomnee reuo dee]
Zweibettzimmer	បន្ទប់មួយគ្រែពីរទំនេររឺទេ [bontub mui kreebi tom-nee reuo dee]
für eine Nacht	សំរាប់មួយយប់ [somrab mui youb]
für eine Woche	សំរាប់មួយសប្ដាហ៍ [somrab mui sabada]
Was kostet das Zimmer?	តើបន្ទប់នេះតំលៃប៉ុន្មាន? [daal bontub nich domley bonmaan]
mit Dusche/Bad	ជាមួយបន្ទប់ទឹក [chea mui bontub dek]
mit Frühstück	ជាមួយស្រស់ស្រូបពេលព្រឹក [cheamui srossrob beprek]
mit Halbpension	ជាមួយស្រស់ស្រូបពេលព្រឹកនឹងពេលថ្ងៃត្រង់ [chea-mui srossrob betgeitrong]

SPRACHFÜHRER

PRAKTISCHE INFORMATIONEN

Arzt	គ្រូពេទ្យ [krou päd]
Können Sie mir einen Arzt empfehlen?	តើលោកអាចរកគ្រូពេទ្យអោយខ្ញុំបានរឺទេ? [daal look aath rok krou päd aui khniom ban reuo dee]
Ich habe ...	ខ្ញុំ [khniom]
Fieber	ក្តៅខ្លួន [kdau khlun]
Durchfall	ចុះរាក [cho reak]
Kopfschmerzen	ឈឺក្បាល [cheuv kbal]
Zahnschmerzen	ឈឺធ្មេញ [cheuv thming]
Bank	ធនាគារ [thornear kear]
Können Sie mir sagen, wo...	លោកអាចប្រាប់ខ្ញុំបានរឺទេ? [daal look aath brab khniom ban reuo dee]
... eine Bank ist?	...តើធនាគារនៅទីណា? [daal thornearkear nou dina]
... eine Wechselstube ist?	...តើកន្លែងដូរប្រាក់នៅទីណា? [daal konthley dooprak nou dina]
Post	ប្រៃសណីយ៍ [breysany]
Was kostet ...?	តើតំលៃប៉ុន្មាន? [daal domley bonmaan]
... ein Brief	សំបុត្រមួយ [sombot mui]
... eine Postkarte	កាតមួយ [kat mui]
... nach Deutschland	ទៅកាន់ប្រទេសអាល្លឺម៉ង [teu kaan brote alleman]

ZAHLEN

0	សូន្យ [soon]	18	ដប់ប្រាំបី [dob bram bey]
1	មួយ [mui]	19	ដប់ប្រាំបួន [dob bram bun]
2	ពីរ [bi]	20	ម្ភៃ [mophey]
3	បី [bey]	21	ម្ភៃមួយ [mophey mui]
4	បួន [bun]	22	ម្ភៃពីរ [mophey bi]
5	ប្រាំ [bram]	30	សាមសិប [samseb]
6	ប្រាំមួយ [bram mui]	40	សែសិប [sääseb]
7	ប្រាំពីរ [bram bi]	50	ហាសិប [haseb]
8	ប្រាំបី [bram bey]	60	ហុកសិប [hokseb]
9	ប្រាំបួន [bram bun]	70	ចិតសិប [chetseb]
10	ដប់ [dob]	80	ប៉ែតសិប [petseb]
11	ដប់មួយ [dob mui]	90	កៅសិប [kavseb]
12	ដប់ពីរ [dob bi]	100	មួយរយ [mui rooy]
13	ដប់បី [dob bey]	1000	មួយពាន់ [mui poan]
14	ដប់បួន [dob bun]	10000	មួយម៉ឺន [mui mön]
15	ដប់ប្រាំ [dob bram]	1/2	មួយភាគពីរ [mui paek bi]
16	ដប់ប្រាំមួយ [dob bram mui]	1/4	មួយភាគបួន [mui paek bun]
17	ដប់ប្រាំពីរ [dob bram bi]		

REISEATLAS

Die grüne Linie ▬▬ zeichnet den Verlauf der Ausflüge & Touren nach
Die blaue Linie ▬▬ zeichnet den Verlauf der Perfekten Route nach

**Der Gesamtverlauf aller Touren ist auch in
der herausnehmbaren Faltkarte eingetragen**

Bild: Händlerinnen auf dem Tonle-Sap-See

Unterwegs in Kambodscha

Die Seiteneinteilung für den Reiseatlas finden Sie auf dem hinteren Umschlag dieses Reiseführers

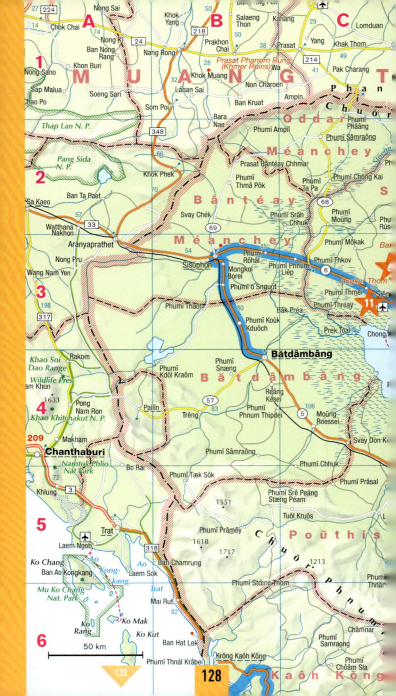

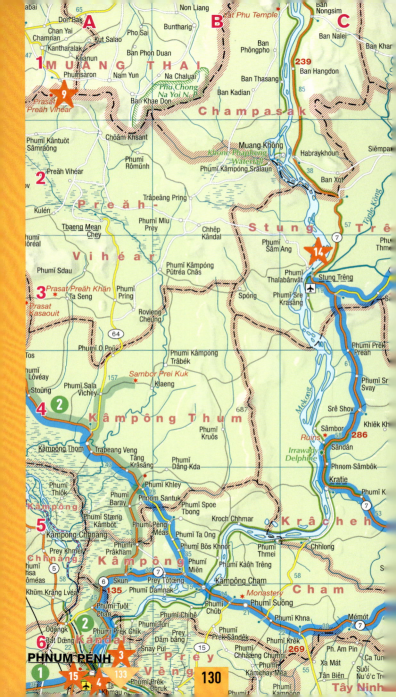

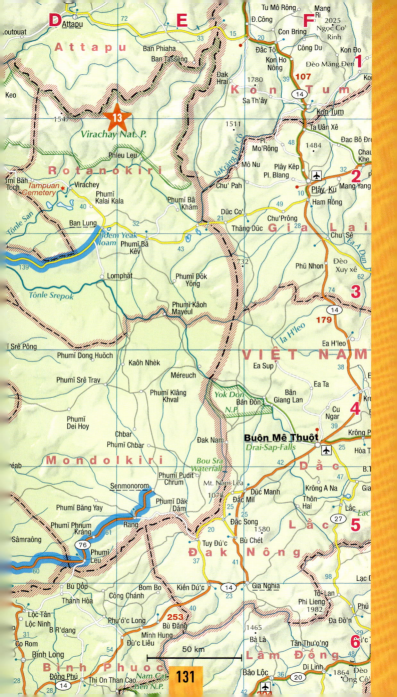

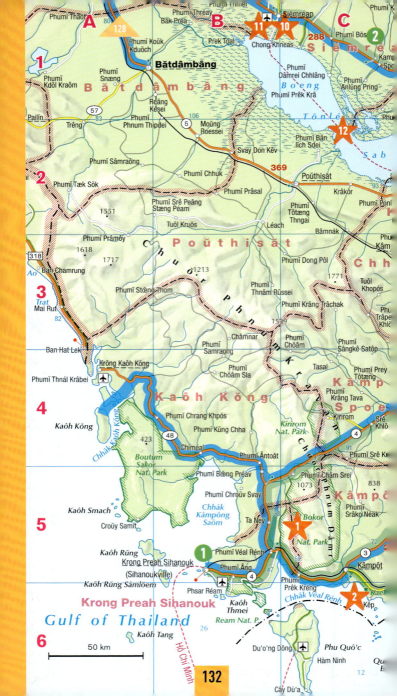

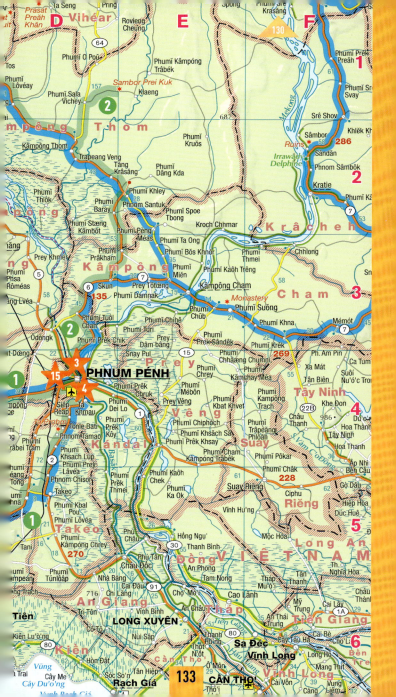

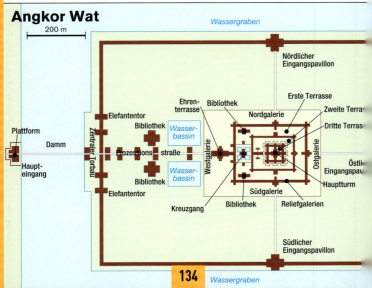

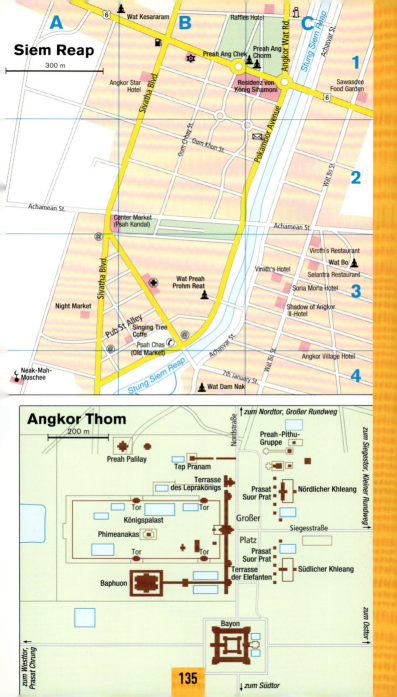

KARTENLEGENDE

Autobahn, mehrspurige Straße - in Bau Highway, multilane divided road - under construction		Autoroute, route à plusieurs voies - en construction Autosnelweg, weg met meer rijstroken - in aanleg
Fernverkehrsstraße - in Bau Trunk road - under construction		Route à grande circulation - en construction Weg voor interlokaal verkeer - in aanleg
Hauptstraße Principal highway		Route principale Hoofdweg
Nebenstraße Secondary road		Route secondaire Overige verharde wegen
Fahrweg, Piste Practicable road, track		Chemin carrossable, piste Weg, piste
Straßennummerierung Road numbering	E20 11 70 26 5 40 9	Numérotage des routes Wegnummering
Entfernungen in Kilometer Distances in kilometers	**259** 130 129	Distances en kilomètres Afstand in kilometers
Höhe in Meter - Pass Height in meters - Pass	1365 •	Altitude en mètres - Col Hoogte in meters - Pas
Eisenbahn - Eisenbahnfähre Railway - Railway ferry		Chemin de fer - Ferry-boat Spoorweg - Spoorpont
Autofähre - Schifffahrtslinie Car ferry - Shipping route		Bac autos - Ligne maritime Autoveer - Scheepvaartlijn
Wichtiger internationaler Flughafen - Flughafen Major international airport - Airport	✈ ✈	Aéroport importante international - Aéroport Belangrijke internationale luchthaven - Luchthaven
Internationale Grenze - Provinzgrenze International boundary - Province boundary		Frontière internationale - Limite de Province Internationale grens - Provinciale grens
Unbestimmte Grenze Undefined boundary		Frontière d'Etat non définie Rijksgrens onbepaalt
Zeitzonengrenze Time zone boundary	-4h Greenwich Time -3h Greenwich Time	Limite de fuseau horaire Tijdzone-grens
Hauptstadt eines souveränen Staates National capital	**MANILA**	Capitale nationale Hoofdstad van een souvereine staat
Hauptstadt eines Bundesstaates Federal capital	**Kuching**	Capitale d'un état fédéral Hoofdstad van een deelstat
Sperrgebiet Restricted area		Zone interdite Verboden gebied
Nationalpark National park		Parc national Nationaal park
Antikes Baudenkmal Ancient monument	∴	Monument antiques Antiek monument
Sehenswertes Kulturdenkmal Interesting cultural monument	★ *Angkor Wat*	Monument culturel interéssant Bezienswaardig cultuurmonument
Sehenswertes Naturdenkmal Interesting natural monument	★ *Ha Long Bay*	Monument naturel interéssant Bezienswaardig natuurmonument
Brunnen Well		Puits Bron
Ausflüge & Touren Trips & Tours		Excursions & tours Uitstapjes & tours
Perfekte Route Perfect route		Itinéraire idéal Perfecte route
MARCO POLO Highlight	★	MARCO POLO Highlight

FÜR DIE NÄCHSTE REISE ...

ALLE **MARCO POLO** REISEFÜHRER

DEUTSCHLAND

Allgäu
Bayerischer Wald
Berlin
Bodensee
Chiemgau/
   Berchtesgadener
   Land
Dresden/
   Sächsische
   Schweiz
Düsseldorf
Eifel
Erzgebirge/
   Vogtland
Föhr/Amrum
Franken
Frankfurt
Hamburg
Harz
Heidelberg
Köln
Lausitz/
   Spreewald/
   Zittauer Gebirge
Leipzig
Lüneburger Heide/
   Wendland
Mecklenburgische
   Seenplatte
Mosel
München
Nordseeküste
   Schleswig-
   Holstein
Oberbayern
Ostfriesische Inseln
Ostfriesland/
   Nordseeküste
   Niedersachsen/
   Helgoland
Ostseeküste
   Mecklenburg-
   Vorpommern
Ostseeküste
   Schleswig-
   Holstein
Pfalz
Potsdam
Rheingau/
   Wiesbaden
Rügen/Hiddensee/
   Stralsund
Ruhrgebiet
Sauerland
Schwarzwald
Stuttgart
Sylt
Thüringen
Usedom
Weimar

ÖSTERREICH SCHWEIZ

Berner Oberland/
   Bern
Kärnten
Österreich
Salzburger Land
Schweiz

Steiermark
Tessin
Tirol
Wien
Zürich

FRANKREICH

Bretagne
Burgund
Côte d'Azur/
   Monaco
Elsass
Frankreich
Französische
   Atlantikküste
Korsika
Languedoc-
   Roussillon
Loire-Tal
Nizza/Antibes/
   Cannes/Monaco
Normandie
Paris
Provence

ITALIEN MALTA

Apulien
Dolomiten
Elba/Toskanischer
   Archipel
Emilia-Romagna
Florenz
Gardasee
Golf von Neapel
Ischia
Italien
Italienische Adria
Italien Nord
Italien Süd
Kalabrien
Ligurien/Cinque
   Terre
Mailand/
   Lombardei
Malta/Gozo
Oberital. Seen
Piemont/Turin
Rom
Sardinien
Sizilien/Liparische
   Inseln
Südtirol
Toskana
Umbrien
Venedig
Venetien/Friaul

SPANIEN PORTUGAL

Algarve
Andalusien
Barcelona
Baskenland/
   Bilbao
Costa Blanca
Costa Brava
Costa del Sol/
   Granada

Fuerteventura
Gran Canaria
Ibiza/Formentera
Jakobsweg/
   Spanien
La Gomera/
   El Hierro
Lanzarote
La Palma
Lissabon
Madeira
Madrid
Mallorca
Menorca
Portugal
Spanien
Teneriffa

NORDEUROPA

Bornholm
Dänemark
Finnland
Island
Kopenhagen
Norwegen
Oslo
Schweden
Stockholm
Südschweden

WESTEUROPA BENELUX

Amsterdam
Brüssel
Cornwall und
   Südengland
Dublin
Edinburgh
England
Flandern
Irland
Kanalinseln
London
Luxemburg
Niederlande
Niederländische
   Küste
Schottland

OSTEUROPA

Baltikum
Budapest
Danzig
Krakau
Masurische Seen
Moskau
Plattensee
Polen
Polnische
   Ostseeküste/
   Danzig
Prag
Slowakei
St. Petersburg
Tallinn
Tschechien
Ukraine
Ungarn
Warschau

SÜDOSTEUROPA

Bulgarien
Bulgarische
   Schwarzmeer-
   küste
Kroatische Küste/
   Dalmatien
Kroatische Küste/
   Istrien/Kvarner
Montenegro
Rumänien
Slowenien

GRIECHENLAND TÜRKEI ZYPERN

Athen
Chalkidiki/
   Thessaloniki
Griechenland
   Festland
Griechische Inseln/
   Ägäis
Istanbul
Korfu
Kos
Kreta
Peloponnes
Rhodos
Samos
Santorin
Türkei
Türkische Südküste
Türkische Westküste
Zákinthos/Itháki/
   Kefalloniá/Léfkas
Zypern

NORDAMERIKA

Alaska
Chicago und
   die Großen Seen
Florida
Hawai´i
Kalifornien
Kanada
Kanada Ost
Kanada West
Las Vegas
Los Angeles
New York
San Francisco
USA
USA Ost
USA Südstaaten/
   New Orleans
USA Südwest
USA West
Washington D.C.

MITTEL- UND SÜDAMERIKA

Argentinien
Brasilien
Chile
Costa Rica
Dominikanische
   Republik

Jamaika
Karibik/
   Große Antillen
Karibik/
   Kleine Antillen
Kuba
Mexiko
Peru/Bolivien
Venezuela
Yucatán

AFRIKA UND VORDERER ORIENT

Ägypten
Djerba/
   Südtunesien
Dubai
Israel
Jordanien
Kapstadt/
   Wine Lands/
   Garden Route
Kapverdische
   Inseln
Kenia
Marokko
Namibia
Rotes Meer/Sinai
Südafrika
Tansania/
   Sansibar
Tunesien
Vereinigte
   Arabische
   Emirate

ASIEN

Bali/Lombok/Gilis
Bangkok
China
Hongkong/Macau
Indien
Indien/Der Süden
Japan
Kambodscha
Ko Samui/
   Ko Phangan
Krabi/Ko Phi Phi/
   Ko Lanta
Malaysia
Nepal
Peking
Philippinen
Phuket
Shanghai
Singapur
Sri Lanka
Thailand
Tokio
Vietnam

INDISCHER OZEAN UND PAZIFIK

Australien
Malediven
Mauritius
Neuseeland
Seychellen

REGISTER

Im Register sind alle in diesem Reiseführer erwähnten Orte, Sehenswürdigkeiten sowie Ausflugsziele verzeichnet. Gefettete Seitenzahlen verweisen auf den Haupteintrag.

Andoung-Tuek-Wasserfall 55
Angkor 14, 23, 30, 56, **57**, 140
Angkor Borei 100
Angkor National Museum, Siem Reap 73
Angkor Night Market 76
Angkor Thom 58, **60**, 62
Angkor Wat 29, 57, 58, 59, 60, **61**, 104, 112
Ang Trapeang Thmo 105
Anlong Cheuteal 92, 97
Anlong Svay 92
Bakong 68, 112
Bamboo Train **70**
Ban Lung 30, **85**, 87
Banteay Kdei 59, 64
Banteay Srei 58, **65**
Banteay Srey Butterfly-Farm 66
Baphuon 61
Baray 101
Battambang 17, 31, 56, 57, **68**, 106, 107, 116, 119, 121
Bayon 58, 59, **60**
Beng Mealea 59, 66, 101, **102**, 103
Bokor-Nationalpark 31, 34, **36**, 99, 107
Bonn Choul Chhnam Thmey 110
Bou-Sra-Wasserfall 94
Brou 87, 88
Buddha 14, 18, 19, 30, 41, 72
Buddha Factory Village Kakaoh 102
Buddhismus 18
Cambodia Land Mine Museum 66
Cambodian Cultural Village, Siem Reap 74
Cardamom-Berge 5, 54, 98, 99, 107
Chamkar Luan 99
Cha-Ong-Wasserfall 89
Choeung Ek 49
Chong Khneas 83
Conservation d'Angkor, Siem Reap 74
Damrei Phong 92
Dom Kalor 97
Eisei Patamak 90
Elefantengebirge 36, 99
Elephant Valley Project 94
Grenzübergänge 117
Hawaii Beach 53
Helikopterflüge, Angkor 65
Independence Beach 53
Jarai 87
Kachang-Wasserfall 89
Kambol 106
Kampong Cham 30, 107
Kampong Kdey 102
Kampong Khleang 83
Kampong Phluk 83
Kampong Thom 30, **102**, 105, 112
Kampong Trach 107
Kampot 31, 33, 34, 99, 107, 108, 116
Katae 88

Katieng-Wasserfall 89
Kbal-Chhay-Wasserfall 54
Kbal Spean 66
Kep 33, **37**, 99, 106, 112
Khmer Architecture Tours, Phnom Penh 45
Khmer Leou 13, 30, 85, **87**
Khone-Phapheng-Wasserfälle 97
Killing Caves 72
Killing Fields 49
Kirirom-Nationalpark 31, 98, 107
Koh Dek Koul 51
Koh Ker 21, 59, **102**, 103, 121
Koh Kon 107
Koh Kong 31, **54**, 55, 99, 107
Koh Krouch 92
Koh Phdau 92
Koh-Poi-Fluss 54
Koh Pos 39
Koh Rong 51
Koh Rong Samloem **51**, 107
Koh Russei 51
Koh Saran 39
Koh-S´dach-Archipel 107
Koh Ses 55
Koh Svay 39
Koh Ta Kiev **51**, 52
Koh Tan 51
Koh Tang 107
Koh Thmei 55
Koh Tonsay 39
Koh Trong 90
Königliche Villen, Kep 38
Ko-Por-Wasserfall 54
Krala 88
Kratie 30, 84, **90**
Kres 88
Kreung 87, 88
Kroh Preah 92
Kunsthandwerk 29
La Ak 88
La En Kraen 88
Mekong 14, 20, 23, 30, 32, 46, **84**, 96, 97, 105, 106, 111, 119, 120
Mekong Blue 97
MinenMuseum 66
Mondulkiri 13, 84, **93**, 108, 119
Mondulkiri Forest 95
Nationalmuseum, Phnom Penh 41
O´Chbar-Fluss 95
Ochheuteal Beach 50, **53**
O'Svay 97
Otres Beach 50, **53**
Pailin 121
Peam Krasaop Wildlife Sanctuary 54
Phare Ponleu Selpak (Zirkusschule), Battambang 70
Phnom Bakheng 59, **62**, 64
Phnom Banan 71
Phnom Bok 59
Phnom Bong Khouy 97
Phnom Chisor 100
Phnom Da 100
Phnom Kep 40

Phnom Krapeu 71
Phnom Krom 59, **82**
Phnom Kulen 21, 56, **66**, 121
Phnom Penh 11, 12, 16, 19, 20, 21, 22, 28, 29, 30, 32, **40**, 49, 98, 100, 101, 105, 106, 107, 108, 111, 116, 118, 119, 120, 121, 140
Phnom Prich Wildlife Sanctuary 95
Phnom Proh 30
Phnom Sampeau **71**, 72
Phnom Santuk 102
Phnom Sor 40
Phnom Tamao Zoological Garden 100
Phnom Yak Youk 89
Phnong 93, **94**
Phnong-Dorf Putang 94
Phsar Thmay 44
Phsar Tuol Tom Pong 45
Phu Quoc 39
Popok-Vil-Wasserfall 37
Prasat Thom 103
Preah Khan 62
Preah Ko 68
Preah Sihanouk 55
Preah-Suramarith-Kossamak-Nationalpark 98
Preah Vihear 64, **67**, 68, 105, 121
Preak-Reak-Fluss 55
Prek Toa 105
Prek Toal 82
Pre Rup 59
Putang 94
Radtouren 106
Ramsar Wetlands 104
Ratanakiri 13, 84, **85**, 87, 104, 106, 108
Ream-Nationalpark 16, **55**, **107**
Roluos-Gruppe **68**, 112
Rote Khmer 11, 12, 15, 21, **22**, 36, 38, 47, 56, 72
Safari World Zoo 54
Sambor Prei Kuk 101, **102**, 112
Sangker-Fluss 69
Santuk-Seidenfarm 101
Sekong 96
Sen Monorom 30, **93**, 116
Serendipity Beach 53
Siem Reap 16, 17, 20, 28, 29, 30, 31, 56, 59, 69, **73**, 105, 106, 107, 109, 112, 116, 118, 119, 120, 140
Siem-Reap-Fluss 83
Sihanoukville 13, 16, 31, 33, **49**, 99, 106, 107, 108, 116, 119, 120, 140
Silberpagode, Phnom Penh 41
Skun 30, 101
Sokha Beach 53
Sras Srang 59
Srepok Wilderness 94
Stung Treng 30, 84, **96**
Sunsetcruise, Phnom Penh 46
Süßwasserdelphine 14, 20, 84, **91**, 97

IMPRESSUM

Takeo **100**, 107
Ta Keo 63
Tampuan 87
Tampuan-Friedhof 88
Ta Prohm 58, 59, **63**, 64, 101
Ta Som 59
Ta-Tai-Wasserfall 54
Tek-Chhou-Stromschnellen 36
Tek-Chhou-Wasserfall 37
Tmatboey 105
Tonle Bati 101
Tonle-Sap-Fluss 14, 32, 40, 46, 111

Tonle-Sap-See 14, 17, 20, 31, 56, 59, 69, **83**, 105, 106, 111, 119
Tuol Sleng Genocid Museum, Phnom Penh 42
Victory Beach 53
Virachay-Nationalpark 30, 85, **89**, 104, 107
Wandern 107
Wat Bo 74
Wat Botim 18
Wat Khat Takyaram 96
Wat Kirisan 40

Wat Phnom 42
Wat Preah Ang Thom 66
Wat Roka Kandal 90
Wat Sambok 92
Wat Sambour 30, 92
Wat Sampeau Doi Moi 36
Weingut Prasat Phnom Banan 72
Westlicher Baray 68
West Mebon Tempel 68
Yaklom-See 85, **90**

SCHREIBEN SIE UNS!

SMS-Hotline: 0163 6 39 50 20   **E-Mail: info@marcopolo.de**

Egal, was Ihnen Tolles im Urlaub begegnet oder Ihnen auf der Seele brennt, lassen Sie es uns wissen! Ob Lob, Kritik oder Ihr ganz persönlicher Tipp – die MARCO POLO Redaktion freut sich auf Ihre Infos.
Wir setzen alles dran, Ihnen möglichst aktuelle Informationen mit auf die Reise zu geben. Dennoch schleichen sich manchmal Fehler ein – trotz gründlicher Recherche unserer Autoren/innen. Sie haben sicherlich Verständnis, dass der Verlag dafür keine Haftung übernehmen kann. Kontaktieren Sie uns per SMS, E-Mail oder Post!

MARCO POLO Redaktion
MAIRDUMONT
Postfach 31 51
73751 Ostfildern

IMPRESSUM
Titelbild: Mönche in Angkor Wat, Getty Images/Photographer's Choice: Hellier
Fotos: Courtesy of KlapYaHandz (16 M.); Ecole d'Hôtellerie et de Tourisme Paul Dubrule (17 o.); Getty Images/Photographer's Choice: Hellier (1 o.); Huber: Jones (126/127); KeoK'jay: Grant Salisbury (16 o.); mauritius images: age (102), Alamy (2 o., 5, 7, 20, 30 l., 86, 88, 89, 91, 92, 95, 97, 114 o.), Flüeler (3 o., 84/85), Photononstop (26 r.); M. Miethig (1 u.); Project AWARE Foundation (16 u.); O. Stadler (Klappe r., 2 M. u., 2 u., 3 M., 3 u., 9, 24/25, 26 l., 28/29, 30 r., 32/33, 50/51, 53, 56/57, 63, 77, 79, 81, 82/83, 98/99, 104/105, 106/107, 111, 114 u., 115); Tara Riverboat: Ma. Theresa D. Auxillo (17 u.); M. Thomas (10/11, 18/19, 27, 43, 48, 58, 60, 67, 69, 100, 101, 103, 108/109, 119); M. Weigt (Klappe l., 2 M. o., 4, 6, 8, 12/13, 15, 22, 23, 28, 29, 34, 37, 38, 41, 44, 46, 49, 55, 64, 70, 72, 75, 109, 110, 110/111)

2. Auflage 2013
Komplett überarbeitet und neu gestaltet
© MAIRDUMONT GmbH & Co. KG, Ostfildern
Chefredaktion: Michaela Lienemann (Konzept, Chefin vom Dienst), Marion Zorn (Konzept, Textchefin)
Autorin: Martina Miethig, Redaktion: Cordula Natusch
Verlagsredaktion: Anita Dahlinger, Ann-Katrin Kutzner, Nikolai Michaelis
Bildredaktion: Gabriele Forst
Im Trend: wunder media, München
Kartografie Reiseatlas: © MAIRDUMONT, Ostfildern; Kartografie Faltkarte: © MAIRDUMONT, Ostfildern
Innengestaltung: milchhof:atelier, Berlin; Titel, S. 1, Titel Faltkarte: factor product münchen
Sprachführer: in Zusammenarbeit mit Ernst Klett Sprachen GmbH, Stuttgart, Redaktion PONS Wörterbücher
Das Werk einschließlich aller seiner Teile ist urheberrechtlich geschützt. Jede urheberrechtsrelevante Verwertung ist ohne Zustimmung des Verlags unzulässig und strafbar. Das gilt insbesondere für Vervielfältigungen, Übersetzungen, Nachahmungen, Mikroverfilmungen und die Einspeicherung und Verarbeitung in elektronischen Systemen.
Printed in Germany. Gedruckt auf 100% chlorfrei gebleichtem Papier

BLOSS NICHT ☝

Ein paar Dinge, die Sie in Kambodscha beachten sollten

TAUSEND JAHRE KULTURERBE BEDROHEN

Akzeptieren Sie Fotografierverbote und Absperrungen zum Schutz des kulturellen Erbes Kambodschas. Bei den sandsteinernen Kunstwerken in Angkor oder in anderen Ruinenstätten bitte nicht an unnötigen Stellen herumklettern, Rucksäcke anlehnen oder alles anfassen: tausend Mal berührt – jeden Tag! – schädigt die tausendjährige Substanz. Und bitte keine *echten* antiken Kunstwerke oder Alltagsgegenstände der Ethnien fürs Wohnzimmer zu Hause kaufen.

HALBNACKT HERUMLAUFEN

Respektieren Sie die Landessitten: Kambodscha ist stark buddhistisch geprägt und konservativ. Tempel betritt man auf gar keinen Fall in Minirock, Trägerhemdchen oder Shorts (Frauen und Männer), Schuhe vorher ausziehen, Hut abnehmen. Mönche dürfen von Frauen nicht berührt werden. Beim Sonnenbaden gilt: niemals oben ohne oder FKK! Bikini ist am Strand in Sihanoukville okay, aber überall sonst (an Flüssen, Seen, Wasserfällen und nahe Fischerdörfern) sollten auch Urlauberinnen „züchtig" baden wie die Einheimischen – in Sarong oder T-Shirt und Shorts.

NACHTS ALLEIN SPAZIEREN GEHEN

Nachts sollte man in Kambodscha nirgendwo allein spazieren gehen (es ist sowieso stockduster mangels Straßenlaternen, und die Hunde – jede kambodschanische Familie besitzt mindestens einen! – sind angriffsfreudige Rudel). Frauen sollten nachts keinesfalls allein am Strand flanieren.

KINDERN GELD GEBEN

Auch wenn die Kulleraugen noch so mitleiderregend sind: Geben Sie bettelnden Kindern kein Geld – es handelt sich oft um organisierte Bettelei und ist der Weg in lebenslange Bettlerkarrieren. Spenden Sie lieber einer der Nichtregierungsorganisationen (s. u.), besuchen Sie Ausbildungsrestaurants für ehemalige Straßenkinder (wie *Friends* und *Romdeng* in Phnom Penh) oder das Waisenhaus eines engagierten deutsch-kambodschanischen Ehepaars in Siem Reap (*www.kinderdorfkambodscha.de*). Oder kaufen Sie in humanitären Läden, etwa beim *Cambodian Children Painting Project (CCPP)* in Sihanoukville. Einige NGO-Beispiele: *www.friends-international. org, www.sangkheum.org* (Kinderzentrum), *www.martinshilfe.de* (Malteser Hilfsdienst, tolle Kinderbroschüre: *Sousdei heißt hallo*)

DROGEN KONSUMIEREN

Entgegen allen Legenden: Marihuana als Rauschmittel ist auch in Kambodscha verboten. Also Hände weg von Drogen jeglicher Art – ob *ganja, jaba, Happy Herb Special Pizza* mit berauschenden Ingredienzen oder Designerpillen. Es gibt übrigens Berichte über polizeilich inszenierte Deals, und Kokain hat sich hierzulande schon als reinstes Heroin entpuppt...